# PERFIL DA EXECUÇÃO TRABALHISTA

**João Carlos de Araújo** — O autor foi juiz de carreira, tendo assumido o cargo de substituto em 5 de setembro de 1967.

No Egrégio Tribunal Regional do Trabalho da 2ª Região, prestou serviços na 5ª Turma, e, ainda antes de efetivado nesta instância trabalhou na Seção Especializada em Dissídios Individuais e Coletivos, sendo seu Presidente por dois anos. Após, foi eleito Vice-Presidente Judicial e Corregedor Regional. Foi ainda Presidente da Comissão de Uniformização de Jurisprudência.

De 1963 a 1967 advogou na área trabalhista e escreveu vários artigos durante sua vida profissional, bem como livros a respeito deste atraente ramo do direito.

JOÃO CARLOS DE ARAÚJO

# PERFIL DA EXECUÇÃO TRABALHISTA

Volume II

Dados Internacionais de Catalogação na Publicação (CIP)
(Câmara Brasileira do Livro, SP, Brasil)

Araújo, João Carlos de
    Perfil da execução trabalhista / João Carlos de Araújo. —
vol. 2 — São Paulo : LTr, 2008.

Bibliografia.

ISBN 978-85-361-1015-8

    1. Direito processual do trabalho — Brasil 2. Execução
(Direito do trabalho) — Brasil I. Título.

07-6756                                                          CDU-347.952:331(81)

Índices para catálogo sistemático:

1. Brasil : Execução : Processo trabalhista
   347.952:331(81)

2. Brasil : Processo de execução : Direito
   trabalhista  347.952:331(81)

© Todos os direitos reservados

**EDITORA LTDA.**

Rua Apa, 165 — CEP 01201-904 — Fone (11) 3826-2788 — Fax (11) 3826-9180
São Paulo, SP — Brasil — www.ltr.com.br

LTr 3523.3                                                                       **Fevereiro, 2008**

## ÍNDICE GERAL

Prefácio .................................................................. 9

1. O sindicato e a substituição processual ............................ 11

2. As condições da ação e os pressupostos processuais: interesse de agir ..................................................... 12

3. O trânsito em julgado e a ação de cumprimento ............ 17

   A expedição de precatórios e as normas regimentais que regulam a matéria no TRT da 2ª Região ......................... 18

   Apresentação de cálculo pelas partes — § 3º, art. 879 da CLT ........................................................................ 23

   Ação de cumprimento — art. 872 da CLT ........................ 24

4. A instauração da execução trabalhista: citação e notificação inicial — Execução judicial e extrajudicial ............... 26

   A citação para instauração de execução e a notificação inicial ..................................................................... 26

   A quantia incontroversa e a Súmula n. 1 do C. TRT da 2ª Região ................................................................. 28

5. A execução trabalhista e as Leis ns. 11.232, de 22.12.05 e 11.382, de 6.12.06 ...................................................... 30

   As limitações das matérias a serem discutidas na execução trabalhista ............................................................. 30

   A impugnação prevista no art. 884 e §§ da CLT ............... 30

   O Decreto-lei n. 779/69 ................................................... 32

6. A execução de verba previdenciária e a retenção do imposto de renda .................................................................... 33
   A penhora *on-line* e a substituição da penhora por dinheiro   35
   Precatório de pequeno valor ............................................... 36

7. Desconsideração da pessoa jurídica e sucessão trabalhista. Falência e a situação do empregador, do empregado e de terceiros ....................................................................... 39

8. O monitoramento ................................................................ 49

9. Sinopse da execução. Sentença definitiva. Aplicação da Súmula n. 1 do TRT/SP ..................................................... 52

10. Consolidação dos Provimentos da Corregedoria-Geral da Justiça do Trabalho, especialmente quanto à execução *on-line* e outros aspectos da matéria ................................. 63

11. Lei n. 9.494, de 10 de setembro de 1997 ........................ 92

# PREFÁCIO

Senhores leitores,

É difícil e até mesmo desaconselhável índice muito condensado de forma que a matéria a ser desenvolvida possa, de certa forma, ser truncada no raciocínio lógico que se vem desenvolvendo de maneira dinâmica, pois os assuntos se entrelaçam de tal forma que se acabará perdendo inclusive a diretriz lógica empreendida. Assim, em cada item do índice geral, o leitor encontra as matérias ali colocadas de uma forma bastante coerente pela sua interligação com as demais, tendo-se sempre em mente o princípio da integralidade jurídica e legal da obra.

Ademais, há que se ressaltar que o segundo volume desta obra complementa o primeiro, entrelaçando-se de tal maneira que em diversas hipóteses tivemos que remeter o leitor ao que já fora dito antes, com as ressalvas atualizadas neste 2º volume quando for o caso, devendo o leitor, sobre cada assunto, sempre observar o 1º volume também.

## 1. O SINDICATO E A SUBSTITUIÇÃO PROCESSUAL

O pleno do Tribunal Superior do Trabalho revogou o Enunciado n. 310, diante da decisão do Supremo Tribunal Federal, que definiu o alcance jurídico da substituição processual pelos sindicatos obreiros, aclarando que, pela disposição do inciso III, do art. 8º, da CF, estes poderão ingressar em juízo em nome dos filiados, sem restrição à sua atuação, tanto em matéria judicial quanto administrativa, na defesa dos direitos e interesses coletivos ou individuais da categoria.

O instituto constitucional é pleno tanto para os empregados como para os empregadores e, portanto, não depende de regulamento legal, por não se tratar de norma jurídica em branco, sendo, portanto, auto-aplicável.

No mais, remeto o leitor aos itens 3.2 (fl. 38) e 3.6 (fl. 46) do primeiro volume.

Todavia, no tocante à cobrança das contribuições sindicais pela ação executiva do art. 606, da CLT, a competência material é da Justiça Comum, como restou definido pelas Súmulas ns. 87 do ex-TFR e 222 do STJ; ressalvado o foro especial, são extensivos aos sindicatos os privilégios da Fazenda Pública, consoante consta do § 2º do mencionado artigo.

## 2. AS CONDIÇÕES DA AÇÃO E OS PRESSUPOSTOS PROCESSUAIS: INTERESSE DE AGIR

Com a ampliação da competência material da Justiça do Trabalho para conhecer, processar e julgar ações baseadas em títulos extrajudiciais, consoante está expresso no art. 877-A da CLT, torna-se necessária uma incursão na questão do interesse, para melhor compreensão da matéria.

Ressalte-se que o interesse é a mola que sustenta a própria compreensão do direito no decurso do tempo. Assim, há de se acenar para o entendimento do que seja esse instituto.

Então, se digo que o direito só existe, e passou a ser entendido pela humanidade à medida da importância que o homem atribuiu ao objeto do interesse, devo conhecer suas várias facetas. Assim, se tenho interesse num determinado objeto e não existe qualquer perturbação quanto a isso, entendo que o interesse está em repouso. É o que os doutrinadores entendem como interesse primário, substantivo ou material. Mas, se há perturbação, existe conflito de interesse, pois o interesse que se encontrava em repouso se movimenta para defesa do objeto em disputa. Esses mesmos doutrinadores o chamam de interesse secundário, processual ou adjetivo. Como vimos, trata-se do mesmo interesse, agora em movimento.

No mundo moderno, a questão do interesse quanto a sua abrangência tornou-se mais ampla com a compreensão do que seja direito difuso, que cuida do interesse coletivo transindividual. Esse interesse, a meu ver, pode ser subdividido em próprio e impróprio. Essa distinção se revela nos incisos I, II e III, do parágrafo único do art. 81, da Lei n. 8.078, de 11.9.90. Próprios são os interesses coletivos transindividuais do inciso I para pessoas indeterminadas ligadas por uma circunstância de fato. Em geral, são aqueles bens de uso comum como praças, mares, rios, etc.

Mas temos os direitos difusos impróprios do item II, que são aqueles pertencentes a uma categoria ou classe. A Consolidação já previu esse interesse quando da sua promulgação nos dissídios coletivos. Este, porém, de abrangência mais restrita.

Os interesses difusos próprios e impróprios possuem natureza abstrata, pois no seu campo os indivíduos se movimentam para dentro e para fora de sua abrangência, segundo a vontade de cada um dentro da coletividade a que pertencem.

Quanto aos direitos e interesses da hipótese legal do inciso III, já identificamos na coletividade seus beneficiários. Portanto, aqui, o interesse em jogo é concreto, hipótese descrita na ação de cumprimento prevista no parágrafo único do art. 872, da CLT.

Passo abaixo a demonstrar num gráfico as posições dos interesses abstratos e concretos:

> Interesse difuso, abstrato próprio e impróprio

Os indivíduos entram e saem indiscriminadamente.

> Interesse coletivo concreto

Os indivíduos nem entram nem saem do seu alcance: trata-se de coletivo homogêneo em que o objeto é o mesmo para todos os interessados dentro da categoria.

Então, essa é a diferença existente nas ações coletivas de um modo geral. Mas o interesse de agir está previsto ainda na alínea *a* do inciso XXXIV do art. 5º da CF como direito e garantia fundamental. Essa para mim seria a única condição da ação e nem sempre sem julgamento de mérito. Assim, quando digo que há interesse legítimo de agir, a ação deve ser julgada procedente. Se não há, a ação será improcedente: o não-reconhecimento da relação empregatícia por exemplo.

O legítimo interesse de agir leva à titularidade e à existência da lei que ampara seu titular, ou seja, possibilidade jurídica do pedido.

Portanto, na melhor das hipóteses, quase tudo aquilo que entendemos como condição da ação nada mais seria do que pressupostos processuais objetivos ou subjetivos.

Condição da ação seria apenas o direito de petição garantido na Constituição, que, segundo entendo, se confunde com o interesse de agir. Conclamo, portanto, que se observe muito bem essa questão, porque grande parte do que se julga como carência da ação, muitas vezes leva ao julgamento de mérito, que transita em julgado material e formalmente.

Em sua obra "Instituições de Direito Processual Civil", 1º vol., *Giuseppe Chiovenda*, às fls. 69, preleciona:

"As condições da ação são as condições de uma decisão favorável ao autor; os pressupostos processuais são as condições de uma decisão qualquer sobre a demanda. Em certo sentido, portanto, os pressupostos processuais são condições da ação porque se falecem, impedem uma decisão favorável."

E, às fls. 182, do mesmo volume, proclama:

"Inere-se à função do juiz, quando solicitado por uma demanda judicial, averiguar se resulta provada a existência de uma vontade de lei favorável ao autor e ao interesse de agir. Na falta de semelhantes condições deve rejeitar a demanda, independentemente de uma particular solicitação do réu, mesmo por exemplo se o réu é revel."

Por isso, entendo que a melhor técnica processual será a de extinguir o processo, sem ou com julgamento do mérito, consoante disciplinam os arts. 267 e 269 do CPC brasileiro, num País democrático, pois, sendo constitucionalmente livre o direito de petição, a ação sempre existirá, se proposta, ainda que padeça dos requisitos contidos no inciso VI, do indigitado art. 267, do CPC, pois, como demonstrado, muitas das vezes o julgamento alcançará o mérito da demanda.

Aqui vale apontar um exemplo, em que, como relator em embargos de terceiro, em grau de agravo de petição, no Processo TRT/SP n. 23.331/94-9 em preliminar de ilegitimidade ativa, foi decidido:

"Por confundir-se com o mérito, será com ele apreciada."

No mais, remeto o leitor ao item 3.1, às fls. 38 do primeiro volume para as devidas interpolações, bem como ao item 8, às fls. 139.

Na verdade, em face da evolução do entendimento dos doutrinadores processuais, hoje não mais se justifica a distinção acadêmica do que se entende como condições de ação e pressupostos processuais.

*José Joaquim Calmon de Passos*, às fls. 35, de sua preciosa obra "Ação no Direito Processual Civil Brasileiro", citando *Rocco*, escreve:

"Todo aquele que é titular de interesse tutelado pelo direito, isto é, todo aquele a quem a ordem jurídica reconhece como sujeito de direito ou pessoa, tem interesse em que o Estado intervenha para satisfação de seus interesses, os quais são tutelados pelo direito, quando não se pode ou não se quer atuar a norma que os tutela."

Às fls. 38, declara:

"Em resumo, pode se dizer que há sempre, no mínimo, o interesse na declaração da existência do próprio interesse de agir."

E depois, por relevante, no rodapé das fls. 51, cita:

"Entre nós, a influência de Liebman, através de talentosos professores da chamada Escola Paulista, tem sido preponderante. E, quando se sai de Liebman, está-se em Chiovenda. Contudo, Pontes de Miranda faz absoluta questão de ignorar o que se chama de condições da ação. Fala em pressupostos pré-processuais (pressupostos da pretensão à tutela jurídica) e de pressupostos processuais que define como sendo as qualidades que o juízo, as partes e a matéria submetida, bem como os atos essenciais, de início devem apresentar, para que possa ser proferida sentença com entrega de prestação jurisdicional. Tudo, pois, que se pressupõe para que tal sentença seja possível" ("Comentários", I, pp. XXIV e XXV, 2ª ed.).

E conclui *Calmon de Passos:*

"Processo há, afirmamos, e também ação, mesmo inexistindo pronunciamento de mérito, porque há atuação lícita das partes, segundo a lei processual, para haver um pronunciamento do juiz (sentença) ainda que de conteúdo meramente processual."

E, para arrematar, no rodapé, às fls. 57, cita:

"(66-A) — De quanto exposto, também resulta a absoluta impropriedade da expressão 'carência de ação'.

Que é carência de ação? Cândido de Oliveira Neto, em excelente estudo (*Revista Forense*, vol. 115, p. 36), mostra o desentendimento que lavra, no particular, tanto na doutrina, quanto na jurisprudência. Tudo já serviu de pretexto para afirmar a carência de ação: a falta de legitimação para a causa, a existência da coisa julgada, a prescrição, a decadência, a proibição legal, a ausência de um pressuposto para ação, a falta de exibição inicial de documento fundamental, a ilicitude ou a imoralidade do interesse, a existência de uma exceção substancial etc.

A verdade, entretanto, é que nunca se carece da ação. Se há processo, isto é, se presentes os pressupostos de existência, há ação, há o poder de exigir e obter do órgão jurisdicional um provimento sobre o interesse secundário, quando nada. E se ausentes aqueles pressupostos, não há processo, não há ação. Mas nesta hipótese seria impróprio falar-se de carência da ação, porque estamos diante da inexistência (jurídica). Daí nosso aplauso a Pontes de Miranda, quando ataca a expressão ainda que rudemente." ("Comentários", III, p. 161, 2ª ed.).

Assim, voltando ao meu entendimento, mais singelo, reconheço que o interesse está em repouso, em movimento, ou estático, quando provocado sem reação, levando à prescrição ou decadência do direito objeto do interesse.

# 3. O TRÂNSITO EM JULGADO E A AÇÃO DE CUMPRIMENTO

Tudo evolui no interesse da comunidade. No direito não é diferente. Já se foi a época em que se dizia que o trânsito em julgado material e formalmente fazia do branco, preto, e vice-versa, ressalvadas as hipóteses restritas da ação rescisória. Existe, neste raciocínio, um equívoco a ser reparado.

Hoje, leis federais repõem a coisa julgada em limites bem claros da constitucionalidade (*Vide,* a propósito, o § 5º, do art. 884, da CLT).

Outra hipótese se nos apresentou em contas de liquidação, julgadas pelo juiz executor, algumas confirmadas pelo Tribunal em grau de agravo de petição. Se há dúvida até quanto à metodologia utilizada, ressalte-se que as contas serão refeitas antes do precatório com fulcro no art. 1-E, da Lei n. 9.494, de 10.9.97. Assim, contas não foram aceitas para elaboração do precatório, e refeitas várias com fundamento no provimento assinado pela Presidência e pelo Corregedor e que se encontra na Seção XXI, Subseção I, da Consolidação das Normas da Corregedoria, a qual, pela sua relevância, transcrevo a seguir:

**Seção XXI**
**Da Execução contra a Fazenda Pública**

*Subseção I*
*Dos Cálculos de Liquidação nas Execuções através de Precatório*

**Art. 114.** Nas execuções definitivas contra as Fazendas Públicas, da União Federal, dos Estados-Membros, dos Municípios e respectivas Autarquias e Fundações, conforme o caso, que não se incluam entre aquelas consideradas de pequeno valor, impõe-se a expedição de precatórios, após a manifestação das partes quanto aos cálculos de liquidação; ato contínuo e, desde que o valor ultrapasse o teto apontado no § 2º do art. 20, observado o contido no art. 14, ambos deste Capítulo, os autos serão remetidos à Assessoria Socioeconômica do Tribunal, para emissão de parecer, retornando, após, ao Juízo de origem para homologação da conta de liquidação.

Art. 115. Nos processos em que a sentença de liquidação foi proferida sem a observância do disposto no artigo anterior, nas hipóteses de apresentação de embargos ou de interposição de agravo de petição, antes da sentença de embargos ou da apreciação do recurso por uma das Turmas do Tribunal, a Assessoria Socioeconômica deverá exarar parecer a fim de proporcionar dados mais objetivos às respectivas decisões.

§ 1º Se interpostos Embargos à Execução/Penhora ou Impugnação à Sentença de Liquidação (art. 884, da CLT), antes de conclusos para decisão, a Secretaria da Vara encaminhará os autos à mencionada Assessoria, para os efeitos do disposto no *caput*.

§ 2º No caso de Agravo de Petição, a referida Secretaria adotará a mesma medida e, somente após o parecer da Assessoria, os autos, então, serão encaminhados ao Serviço de Distribuição dos Feitos do Tribunal.

Mas, a respeito, ainda publiquei na *Revista LTr* o artigo que abaixo transcrevo pela sua relevância:

São Paulo, 7 de dezembro de 2005.

Autor: Juiz JOÃO CARLOS DE ARAÚJO — Corregedor do Tribunal Regional da 2ª Região.

### A EXECUÇÃO CONTRA A FAZENDA PÚBLICA COM EXPEDIÇÃO DE PRECATÓRIO DE ALTA MONTA

A Presidência e a Corregedoria do Tribunal Regional do Trabalho da 2ª Região, diante dos elevados valores envolvidos em algumas execuções contra a Fazenda Pública, que por esta razão demandam a expedição de precatórios, e em decorrência do disposto no art. 1º-E, da Lei n. 9.494/97, segundo o qual "são passíveis de revisão, pelo Presidente do Tribunal, de ofício ou a requerimento das partes, as contas elaboradas para aferir o valor dos precatórios antes de seu pagamento ao credor", baixaram dois provimentos para regulamentar o seu processamento, a despeito das disposições contidas na Portaria GP n. 41/2004, que também disciplina a tramitação desses processos.

Os dois provimentos inovaram ao introduzir a intervenção da Assessoria Socioeconômica, com emissão de parecer, em momentos processuais distintos daquele previsto na aludida Portaria.

Pelo Provimento GP/CR n. 10/2005, a intervenção da Assessoria Socioeconômica se dará logo após a manifestação das partes sobre os cálculos periciais e antes da homologação pelo Juízo Executor, justamente para oferecer mais elementos para seu convencimento e decisão, pois permite o cotejo com os dados apresentados pelo perito. Nos processos, cuja sentença de liquidação foi proferida, sem essa providência, na hipótese de interposição de Agravo de Petição, o parecer será exarado antes da sua distribuição para uma das Turmas do Tribunal.

O Provimento GP/CR n. 20/2005, por seu turno, determina nova manifestação da Assessoria Socioeconômica, para conferência do valor do precatório e da metodologia utilizada para sua aferição, antes do pagamento ao credor, para evitar que qualquer erro de cálculo despercebido durante a sua tramitação possa causar dano ao erário.

Os provimentos baixados traduzem, na realidade, a cautela deste Regional nas execuções contra a Fazenda Pública, diante do notório interesse público envolvido.

Para maior compreensão e, sobretudo, divulgação, os aludidos provimentos serão a seguir transcritos:

### PROVIMENTO GP/CR N. 10/2005, DE 7 DE JULHO DE 2005

*EXECUÇÃO. LIQUIDAÇÃO DE SENTENÇA. CÁLCULOS PERICIAIS. APRESENTAÇÃO DO LAUDO E RESPECTIVA PLANILHA ELETRÔNICA DOS CÁLCULOS EM CD-ROM. EXECUÇÃO CONTRA A FAZENDA PÚBLICA COM EXPEDIÇÃO DE PRECATÓRIO. PARECER DA ASSESSORIA SOCIOECONÔMICA DO TRIBUNAL ANTES DA HOMOLOGAÇÃO DOS CÁLCULOS PELO JUÍZO EXECUTOR.*

A PRESIDÊNCIA e a CORREGEDORIA DO TRIBUNAL REGIONAL DO TRABALHO DA 2ª REGIÃO, no uso de suas atribuições legais e regimentais,

CONSIDERANDO que, na liquidação de sentença, alguns processos, dada a complexidade dos cálculos, demandam o trabalho do *expert* na apuração do *quantum debeatur,* ao qual não fica o Juiz adstrito, podendo se socorrer do Setor de Economia deste Regional se necessário;

CONSIDERANDO os inúmeros processos com pluralidade de exeqüentes, hipótese que requer a individuação dos respectivos créditos, cuja conferência e atualização são, sobremaneira, dificultadas pela quantidade de volumes que compõem os seus autos;

CONSIDERANDO o expressivo número de execuções que se processam contra a Fazenda Pública, algumas das quais, em razão dos valores envolvidos, tornam necessária a expedição de precatórios, cujos valores são comumente apurados através de cálculo pericial;

CONSIDERANDO que a tramitação da execução, até que se ultime a homologação dos cálculos, tem ocasionado, notadamente em razão das reiteradas manifestações das partes sobre os cálculos periciais, inúmeras conclusões dos autos ao Juízo da Execução, procedimento que procrastina o feito e atenta contra os princípios da celeridade e economia processual;

CONSIDERANDO que o parecer da Assessoria Socioeconômica do Tribunal, nas execuções contra a Fazenda Pública que demandam a expedição de precatórios, se previamente à homologação dos cálculos, imprimirá celeridade, ao evitar a situação descrita no considerando anterior, e, sobretudo, precisão aos pagamentos solicitados, imperativo do interesse público;

CONSIDERANDO que a *Portaria GP n. 41/2004,* que regulamenta a tramitação de precatórios, nos termos do seu art. 5º, prevê a manifestação da Assessoria Socioeconômica apenas após a homologação dos cálculos;

CONSIDERANDO que a relevância da liquidação de sentença, com seus reflexos sobre o patrimônio tanto do exeqüente quanto do executado, torna imperioso o acurado acompanhamento por parte do Magistrado — diretor do processo;

RESOLVEM:

**Art. 1º** Os senhores Peritos Judiciais deverão, por ocasião da entrega do laudo pericial, atinente aos cálculos, apresentar a respectiva planilha eletrônica, em CD-ROM, o qual deverá ser anexado aos autos, para permitir, a qualquer tempo, a sua consulta pelas partes e pelo Juízo e facilitar, se for o caso, as providências a cargo da Assessoria Socioeconômica do Tribunal.

**Art. 2º** Nos processos que demandam a expedição de precatórios, após a primeira manifestação das partes sobre os cálculos periciais, ato contínuo, os autos serão remetidos à Assessoria Socioeconômica do Tribunal, para emissão de parecer antes da homologação pelo Juízo Executor, sem prejuízo do disposto na *Portaria GP n. 41/2004;*

**Parágrafo único.** Ficam excluídos do disposto neste artigo os precatórios, cujo valor do crédito por reclamante não ultrapasse R$ 50.000,00 (cinqüenta mil reais). (*Parágrafo incluído pelo Provimento GP/CR n. 19/2005, de 6.10.05 — DOE 21.10.05*)

**Art. 3º** Nos processos em que a sentença de liquidação foi proferida sem a providência contida no artigo anterior, na hipótese de interposição de agravo de petição, a Assessoria Socioeconômica do Tribunal deverá exarar parecer antes da sua distribuição para uma das Turmas do Tribunal. (*Artigo alterado pelo Provimento GP/CR n. 19/2005, de 6.10.05 — DOE 21.10.05*)

**Art. 4º** Os MM. Juízes Executores deverão zelar pelo cumprimento das disposições contidas neste provimento. (*Artigo alterado pelo Provimento GP/CR n. 19/2005, de 6.10.05 — DOE 21.10.05*)

**Art. 5º** Este provimento entra em vigor na data de sua publicação. (*Artigo incluído pelo Provimento GP/CR n. 19/2005, de 6.10.05 — DOE 21.10.05*)

Publique-se, registre-se e cumpra-se.

São Paulo, 30 de junho de 2005.

(a)DORA VAZ TREVIÑO
Juíza Presidenta do Tribunal

(a)JOÃO CARLOS DE ARAÚJO
Juiz Corregedor Regional

**"PROVIMENTO GP/CR N. 20/2005
DE 6 DE OUTUBRO DE 2005**

*EXECUÇÃO CONTRA A FAZENDA PÚBLICA COM EXPEDIÇÃO DE PRECATÓRIO. CONFERÊNCIA DO VALOR DO PRECATÓRIO E DA METODOLOGIA UTILIZADA PARA A SUA AFERIÇÃO PELA ASSESSORIA SOCIOECONÔMICA DESTE TRIBUNAL ANTES DO SEU PAGAMENTO AO CREDOR.*

A PRESIDÊNCIA E A CORREGEDORIA REGIONAL DO TRABALHO DA 2ª REGIÃO, com sede em São Paulo, no uso de suas atribuições legais e regimentais,

CONSIDERANDO que, nas execuções contra a Fazenda Pública, notadamente naquelas que demandam a expedição de precatório, em razão das quantias envolvidas, é imperativa a exatidão do valor aferido, diante do manifesto interesse público;

CONSIDERANDO a necessidade imperiosa de se evitar que os freqüentes erros de cálculo, na apuração do valor da execução, tenham qualquer repercussão na aferição do valor do precatório;

CONSIDERANDO que a conferência do valor, bem como da metodologia utilizada para a sua aferição, mormente nos feitos com pluralidade de exeqüentes, demanda recursos materiais e conhecimento técnico, existentes, neste Tribunal, na Assessoria Socioeconômica;

CONSIDERANDO que a *Portaria GP n. 41/2004* determina a intervenção da Assessoria Socioeconômica do Tribunal apenas na fase de autuação dos precatórios;

CONSIDERANDO que o *Provimento GP/CR n. 10/2005* determina a emissão de parecer pela Assessoria Socioeconômica, apenas na fase de liquidação de sentença, antes da homologação dos cálculos pelo Juízo Executor e, nas hipóteses em que estes foram homologados sem esta providência, a emissão de parecer antes da distribuição do agravo de petição;

RESOLVEM

**Art. 1º** Assessoria Socioeconômica do Tribunal procederá à conferência do valor do precatório, bem como da metodologia utilizada para a sua aferição, antes do seu pagamento ao credor, sem prejuízo das disposições contidas na Portaria *GP n. 41/2004* e no Provimento *GP/CR n. 10/2005*.

**Parágrafo único.** Ficam excluídos do disposto neste artigo os precatórios, cujo valor do crédito, por reclamante, não ultrapasse R$ 50.000,00 (cinqüenta mil reais).

**Art. 2º** Após a conferência, na forma prevista no artigo anterior, a existência de qualquer erro de cálculo será comunicada ao Presidente do Tribunal, para o exercício da prerrogativa prevista no art. 1º-E da Lei n. 9.494/97.

**Art. 3º** Este provimento entra em vigor na data de sua publicação.

Publique-se, registre-se e cumpra-se.

São Paulo, 6 de outubro de 2005.

DORA VAZ TREVIÑO
Juíza Presidenta do Tribunal
JOÃO CARLOS DE ARAÚJO
Juiz Corregedor Regional"

Aqui vale também, no resguardo do interesse público, a transcrição de elucidativa ementa de julgado contra a Fazenda Pública:

"A execução provisória é incabível contra a Fazenda Pública — DOE 20.6.06:
Assim decidiu o Juiz José Ruffolo considerando a vigência da EC n. 30/2000 que alterou o art. 100 da Constituição Federal (Processo n. 00461199605002011; Ac. n. 20060383326)" (Fonte: Serviço de Jurisprudência e Divulgação).

Sem dúvida, contra decisão transitada em julgado, em certos casos prevaleceram os princípios da moralidade e do interesse público.

O atual Corregedor Regional, Doutor Décio Daidone, foi contundente quanto aos cálculos de liquidação nas execuções através de precatórios consoante se poderá aferir da leitura dos arts. 233 e 234 com seus parágrafos, da Consolidação das Normas da Corregedoria, renumerada e republicada pelo Provimento GP/CR n. 23/2006 — DOE 15.12.06. Assim, "com ou sem cálculos pelas partes, os juízos de 1ª instância remeterão obrigatoriamente os autos à Assessoria Socioeconômica do Tribunal para a realização da conta de liquidação".

Aliás, como são raras as liquidações da sentença por arbitramento e por artigos, sugiro, como manda a lei, que as partes apresentem corretamente seus cálculos, pois hoje a doutrina e a jurisprudência caminham no sentido de considerar líquidas as sentenças que dependem apenas de cálculos aritméticos, os quais devem ser conferidos pelo setor econômico do Tribunal quando se tratar de Órgão Público. Isso dispensa a perícia e vai de encontro aos princípios processuais da economia e celeridade. A perícia só deve ser determinada em casos complexos. Vejam-se, a propósito, as disposições dos §§ 1º-B e 3º do art. 879, da CLT, que praticamente afastam a indicação e cálculos elaborados por peritos. Assim, o juiz executor deverá evitar a nomeação de peritos nesta fase do processo, pois isso só atrasa a apuração do *quantum debeatur*, podendo levar a uma distorção do cálculo, salvo em se tratando de liquidação por arbitramento ou por artigos.

No particular, o E. Tribunal da 15ª Região se antecipou e, no cumprimento da lei, no art. 879, da CLT, criou a figura do assistente de cálculos.

Na verdade, quanto ao § 2º do focado diploma legal, temos a subida honra de transcrever parcialmente um brilhante artigo da lavra do Presidente da Associação dos Advogados na época, publicado em julho de 2005, na Tribuna do Advogado Trabalhista, sob o título "Antecipação da Tutela na Liquidação", no qual o jurista *Cláudio César Guzi Oliva* faz o reparo:

"Algumas vezes, as emendas pioram o soneto, e desta forma, como busca demonstrar, a iniciativa que resultou no § 2º do art. 879 baseou-se em uma possibilidade que não deveria existir 'impugnar cálculos de imediato' e acabou por afirmar o equívoco do contraditório antes de garantido o juízo, com graves conseqüências para a efetividade da sentença trabalhista."

Para consulta e interpretação, o leitor deverá obter maiores esclarecimentos no item 3.8 às fls. 74, do primeiro volume, bem como às fls. 235, item 21, e fls. 46, itens 3.6 e 3.7. Observe-se ainda o que consta no item 18, às fls. 203, daquele volume.

### Ação de Cumprimento

Ao longo do tempo, não se tem atinado com a devida perspicácia o procedimento da ação de cumprimento. O parágrafo único do art. 872, da CLT, refere-se, no que couber, ao atendimento das normas previstas no Capítulo II, do Título X, que trata do processo em geral. Não se refere ao Capítulo III porque, com a decisão em dissídio coletivo, haveria transgressão do art. 836 deste diploma, que veda o conhecimento de questões já decididas por dissídios individuais ou plúrimos. Neste caso, torna-se, pois, completamente inútil o dissídio individual. Há de se transpor essa etapa processual para adentrar-se pela execução do julgado, em que, nos embargos do art. 884 da CLT, se discutirá o cumprimento de decisão ou de acordo, de quitação ou prescrição da dívida. Note-se quanto se abreviará o cumprimento da decisão coletiva.

Realmente, conhecemos três formas de interpretação dos textos legais: gramatical, a mais pobre e sujeita a enganos; a lógica e a sistemática. As duas últimas, a meu ver, praticamente se confundem e se completam em face dos princípios da utilidade e da integralidade dos textos legais. Isso quer dizer que um texto dentro de determinado diploma legal deve-se harmonizar com outros que lhes antecedem ou sucedem. Assim, o cumprimento da decisão favorável aos empregados do sindicato obreiro deverá ser discutido não em dissídio individual, mas na execução, como se demonstrou. Aqui há lógica, e se observa o princípio da integralidade dos textos legais apontados. Assim também acontece no executivo fiscal que dispensa a fase de conhecimento, consoante norma do art. 38 da Lei n. 6.830, de 22.9.80.

No volume primeiro deste livro, nos itens 3.5, 3.6 e 3.7, que cuidam da execução das ações genéricas no que tange a sentenças proferidas nos dissídios coletivos, e também decorrentes de convenções e acordos coletivos, não atinei com a devida atenção a essa questão, que deverá dar novo rumo às ações executivas, com fundamento em títulos judiciais e extrajudiciais. Portanto, o exemplo decorrente do Processo n. 646/90 vale com as restrições objeto desse novo entendimento ora vislumbrado, até porque esse processo foi alvo de uma ação rescisória em que nos manifestamos sobre o direito difuso. É que existem outras ações coletivas, com interesse concreto e que dependem da fase de conhecimento, como a apuração de insalubridade e periculosidade, por exemplo. Porém, o que fiz não foi totalmente desconforme ao direito, consoante passo a demonstrar na ementa abaixo transcrita, cujo acórdão se encontra na íntegra no Boletim AASP n. 2.360, p. 3.009, de 29 de março a 4 de abril de 2004, recente, e que exalta:

> "Processo Civil — Ação de conhecimento proposta por detentor de título executivo. Admissibilidade. Prestação de serviços advocatícios. Inaplicabilidade do Código do Consumidor. O detentor do título executivo extrajudicial tem interesse para cobrá-lo pela via ordinária, o que enseja até situação menos gravosa para o devedor, pois dispensa a penhora, além de sua defesa poder ser exercida com maior amplitude. Não há relação de consumo nos serviços prestados por advogado, seja por incidência de norma específica, no caso a Lei n. 8.906/94, seja por não ser atividade fornecida no mercado de consumo. As prerrogativas e obrigações impostas aos advogados, como v. g., a necessidade de manter sua independência em qualquer circunstância e a vedação à captação de causas ou à utilização de agenciados (arts. 31, § 1º e 34, III e IV, da Lei n. 8.906/94) evidenciam natureza incompatível com a natureza de consumo. Recurso não conhecido." (STJ — 4ª T., REsp n. 532.377-RJ, Rel. Min. César Asfor Rocha, j. 21.8.03; v. u.)

Demonstra-se, aqui, que a ação de conhecimento não está descartada, mas o credor poderá valer-se, de imediato, da ação executiva, por ser título judicial o reconhecimento das vantagens contidas na sentença em dissídio coletivo ou acordo normativo.

## 4. A INSTAURAÇÃO DA EXECUÇÃO TRABALHISTA: CITAÇÃO E NOTIFICAÇÃO INICIAL

### A INSTAURAÇÃO DA EXECUÇÃO JUDICIAL E EXTRAJUDICIAL: A SÚMULA N. 1 DO COLENDO TRIBUNAL REGIONAL DO TRABALHO DA 2ª REGIÃO

Como fase do processo, competente para instaurá-la será o juiz *ex officio*, nos termos do art. 877 da CLT, e legitimado "qualquer interessado", art. 878 da CLT, se a decisão for exarada pelos Tribunais, poderá ser promovida pela Procuradoria da Justiça do Trabalho, parágrafo único do art. 878 da CLT. Daí decorre a natureza inquisitória da execução trabalhista. Observe-se, porém, que tanto nas execuções fundadas em título judicial como nas execuções baseadas em título extrajudicial, art. 877-A da CLT, sua instauração depende de iniciativa da parte quando não se cuidar de simples fase do processo.

Dentre os títulos judiciais, aqueles que defluem de dissídio coletivo dependerão da propositura da ação executiva pelo interessado, sindicato obreiro ou pela procuradoria do trabalho, sendo competente o juiz que teria competência para o processo de conhecimento, consoante o art. 877, da CLT. Intentada que seja a ação executiva, o procedimento observará os arts. 876 e seguintes da Consolidação, excluindo-se, como se disse, as normas contidas no Código de Processo Civil; normas procedimentais civis só quando admitidas expressamente pela Consolidação. O limite desta regra encontra-se no art. 889 da CLT, preceito imperativo que não poderá ser olvidado, até porque a execução trabalhista observa o rito inquisitório, enquanto a cível o dilatório, confrontando inclusive com a prescrição intercorrente. Assim, segundo entendo, as matérias restritivas contidas no § 1º do art. 884 da CLT não podem ser ampliadas, cabendo, neste caso, a argüição de uma prejudicial de mérito, como ocorre nas ações rescisórias intentadas fora do âmbito do art. 485 do CPC. Destarte, quando há ampliação processual de relevância na Consolidação, a lei destacará a hipótese como sói acontecer com a própria ação rescisória embutida no corpo do art. 836 e seu parágrafo da CLT. Outro exemplo singelo, porém elucidativo: a execução trabalhista continua comportando a liquidação por cálculo da parte, ou pela contadoria judicial (§ 3º do art. 879 da CLT), a despeito de o Código de Processo Civil certa vez tê-lo abolido, consoante entendo (art. 879 da CLT). Assim, haverá citação por intermédio de oficial de justiça avaliador para instauração da instância em processo inquisitório. Daí por que não se admite a prescrição intercorrente, pois seria o mesmo que o juiz reconhecesse a sua própria inércia no desempenho da judicatura.

Já ouvi profissionais do ramo tecendo críticas ao legislador por ter optado pela citação na execução e notificação pelo correio para a instauração da instância trabalhista na fase de conhecimento. Alguns inclusive entendem que teria ocorrido erro manifesto do legislador trabalhista na hipótese vertente. Nada tão injusto. A Consolidação até hoje é moderna, como vínhamos demonstrando no curso do primeiro volume. O legislador laborista avançou processualmente nesta distinção porque não quis que o juiz executor isoladamente modificasse uma decisão colegiada da Junta. Ademais, não é boa política processual, mesmo agora sem o vocalato, que o próprio juízo em execução decida monocraticamente sua desconstituição e possa assim modificar uma decisão transitada em julgado, coisa que só poderá acontecer com a procedência, ainda que parcial, da ação rescisória.

Os Códigos Processuais Civis, ao longo do tempo, sempre admitiram em embargos à execução a argüição pelo devedor da falta ou nulidade de citação no processo de conhecimento, quando este correu a revelia. O legislador trabalhista nunca admitiu esse procedimento. Daí a diferença utilizada para instauração de ação pela notificação inicial e citação para abertura da fase executória fundada em título judicial. As alegações do devedor na execução civil encontram-se nos arts. 741 e 745 do CPC, enquanto as da Justiça do Trabalho, no § 1º do art. 884 da CLT. Na Justiça do Trabalho, defeito ou nulidade de citação é apenas aquela que instaura a execução fundada em título judicial ou extrajudicial.

O Código de Processo Civil não é subsidiário na espécie ventilada, porquanto, como se disse, a matéria de defesa se limitará às questões restritivas do § 1º do art. 884 da CLT. Realmente, ação de cumprimento não se confunde com a de conhecimento do dissídio individual ou plúrimo.

Nesse item, pela sua relevância no que toca às hipóteses do § 1º do art. 884 da CLT, discorro sobre a quantia incontroversa, reconhecida pela executada, com aplicação da Súmula n. 1 da Egrégia Corte da 2ª Região, que foi objeto do artigo publicado na LTr, conforme transcrevo a seguir:

"**A Execução Trabalhista — Súmula n. 1**

Nosso Tribunal, Tribunal Regional da 2ª Região, sob a presidência de um Ilustre Juiz, Doutor Francisco Antonio de Oliveira, conseguiu no Processo TRT /SP n. 34/02-9-OE dar um passo gigantesco para solução mais rápida da execução trabalhista, abolindo discussões afetas à Justiça Comum, restringindo, na esfera trabalhista, as hipóteses contidas no § 1º, do art. 884, da CLT, através da adoção do primeiro Enunciado de nossa Região, e que acabará por certo colocando pelo voto da maioria absoluta do Órgão Especial, ordem ao processo já com trânsito em julgado.

Esse é o resultado de uma longa e penosa discussão quanto aos limites a serem observados como matéria a ser discutida no bojo desta fase final do processo trabalhista."

Já, em 1996, quando da publicação pela Editora LTr, da obra "Perfil da Execução Trabalhista", às fls. 128, transcrevi a seguinte ementa contida no Processo TRT/SP n. 12.378/94-5:

"Execução. Crédito incontroverso. Agravo de petição: O princípio teleológico do § 1º, do art. 897, CLT, harmoniza-se com os arts. 880 e 884, § 1º, do focado diploma legal, de modo que o devedor deverá pagar ao credor a importância incontroversa, pena de não ser conhecido o agravo de petição."

Com alento nessa filosofia processual, a Comissão de Uniformização de Jurisprudência colocou no dia 12 de junho do corrente ano à apreciação do Tribunal a ementa abaixo que se viu vitoriosa, como se disse, pelo voto da maioria absoluta dos membros do Órgão Especial, nos seguintes e valiosos termos:

"Execução trabalhista definitiva. Cumprimento da decisão. O cumprimento da decisão se dará com o pagamento do valor incontroverso em 48 horas, restando assim pendente apenas o controvertido saldo remanescente, e que deverá ser garantido com a penhora."

De fato, a desconstituição do título executivo tanto judicial como extrajudicial se dará em quatro hipóteses: cumprimento da decisão ou do acordo, quitação ou prescrição da dívida, que configurem fatos impeditivos ou extintivos da demanda.

As duas últimas hipóteses, em geral, estão reservadas ao interesse coletivo concreto homogêneo, como demonstrado nesta obra. Para nós, agora, apenas interessam as duas primeiras hipóteses, quais sejam, cumprimento da decisão ou do acordo. Por óbvio, pena de se infringir os princípios básicos que orientam o direito processual, da utilidade dos atos processuais e da razoabilidade do alegado, o devedor, em 48 horas, deverá pagar ao credor aquilo que entende devido sob sua ótica, mas sempre atento a cálculo idôneo, ficando para o que restar controvertido a penhora que garantirá o juízo executório, com discussão séria distante das hipóteses que configuram a litigância de má-fé, como prevista no art. 17 do CPC.

Portanto, a título exemplificativo, supondo-se apresentação pelas partes do cálculo devido com fulcro nos §§ 1º-B e 2º, do art. 879, da CLT, na hipótese de ser mínima a diferença entre um e outro, o juiz executor, por economia e celeridade processual, poderá homologar um dos cálculos, e em seguida a devedora será citada para pagar, em 48 horas, pena de ser enquadrada nas hipóteses descritas no art. 600, do CPC, que cuidam dos atos atentatórios à dignidade da justiça. Este apenas um exemplo do alcance prático desse Enunciado.

Por isso, na parte final da orelha do volume citado, está escrito com muita propriedade:

"Demonstra assim o autor que o processo trabalhista, especialmente no tocante à execução, prescinde de qualquer alteração, para se mostrar ágil, preciso e atual, atualíssimo, por sinal."

Há, por conseguinte, com esse Enunciado, uma luz de esperança que brilha a resguardar as execuções daqui por diante, para se evitar a Vitória de Pirro, em que o credor fica discutindo por anos a fio na fase executória sem ver um centavo sequer. Aliás, a Súmula n. 1 já foi adotada pelo art. 214 da Consolidação das Normas da Corregedoria Regional.

## 5. A EXECUÇÃO TRABALHISTA E AS LEIS NS. 11.232, DE 22.12.05 E 11.382, DE 6.12.06

Para nós, a questão a ser valorizada em certas circunstâncias seria a prejudicial de mérito, em ações como a rescisória e os embargos à execução, que restringem com rigor as matérias que poderão ser deduzidas para a desconstituição de certas decisões. As da ação rescisória o limite está nos incisos do art. 485 do CPC e, no caso dos embargos à execução trabalhista, no art. 884, § 1º da CLT, como já foi referido.

Observem os leitores que, quando a matéria processual deva ser transportada do Código de Processo Civil para a CLT, o legislador deixa claro numa inserção expressa, como acontece, por exemplo, na ação rescisória, nos casos de liquidação de sentença, e em alguns outros casos, sempre que for alterado o procedimento explícito na CLT, tanto que a liquidação por cálculos sempre permaneceu hígida na CLT. *Vide* ainda o art. 882 da CLT, e o art. 189 da Lei n. 11.101/05.

É que a sistemática de um determinado procedimento não pode ser alterada tacitamente quando sequer ocorreu alusão a essa tentativa pela lei nova, ainda que de categoria superior.

Apenas na falta de disposições legais ou contratuais se decidirá com força no permissivo legal do art. 8º, da CLT. Enfim, a lei adjetiva só admite alteração acerca da matéria a que se propôs regulamentar, ou seja, a lei processual civil, a lei processual penal, a lei processual fiscal, a lei processual trabalhista, e assim por diante. Não fosse assim, o Código de Processo Civil, quando promulgado, teria simplesmente revogado a Consolidação a partir do art. 763.

*M. V. Russomano,* citando *Oliveira Viana,* em sua primorosa obra "Comentários à Consolidação das Leis do Trabalho", ao pé do art. 877, dispõe: "É a Justiça do Trabalho uma justiça ativa e dinâmica que pode tomar a iniciativa da instauração das instâncias; que ordena diligências necessárias ao esclarecimento dos feitos, independentemente dos processos dos interessados; que revê, quando lhe parece, as suas próprias decisões; que as executa e as suspende; que impõe aos recalcitrantes e aos desobedientes as penalidades cominadas na lei. Neste ponto, a Justiça do Trabalho é inteiramente diferente da Justiça cível ou comercial, cujo mecanismo só funciona mediante provocação das partes."

E, comentando o art. 878, deste diploma, esclarece: "Como vimos nos comentários ao artigo anterior, a Justiça do Trabalho tem ampla iniciativa processual, amplo poder diretivo da causa. Não fica inerte, esperando o impulso pela vontade das partes. Pode, *de per si*, tomar alento e pôr em marcha o processo, inclusive na fase de execução. E isso é uma de suas linhas marcantes e características."

Ademais, a execução civil não é inquisitória, enquanto a trabalhista sim, conforme já demonstramos. A Lei de Introdução ao Código Civil, Decreto-lei n. 4.657, de 4.9.42, no § 2º do art. 2º, prescreve: "A lei nova, que estabeleça disposições gerais ou especiais a par das já existentes, não revoga nem modifica a lei anterior." E reafirmando esta imposição legal, o art. 889 da CLT só admite como norma subsidiária na execução "os preceitos que regem o processo dos executivos fiscais para a cobrança judicial da dívida ativa da Fazenda Pública Federal".

Aliás, causa-nos estranheza toda essa polêmica com a promulgação das leis mencionadas que tornam a execução civil mais prática, mas não tanto quanto o é a trabalhista. Outras alterações já tivemos no Código de Processo Civil sem que houvesse qualquer repercussão na Justiça do Trabalho, até porque, em especial, na execução, o art. 889 restringe o alcance do art. 769 da CLT, tornando-as incompatíveis em nossa disciplina.

Para finalizar, o que se pretende, mal comparando, é executar crédito trabalhista na forma do CPC, e não do executivo fiscal, como norma subsidiária.

Em síntese, a lei nova de natureza diversa não pode invadir seara alheia, a não ser que haja disposição expressa admitindo-a.

Na verdade, conforme certas circunstâncias, poderemos, pela afinidade, nos louvar no art. 135, do CTN, com as reservas expendidas pelo C. Tribunal Superior do Trabalho.

Assim como se disse, a execução deverá ser instaurada com título judicial ou extrajudicial mediante citação do executado. Não prevalecem aqui as normas recentemente alteradas no Código de Processo Civil. A execução trabalhista é autônoma com regras próprias. Se ela for instaurada no dissídio individual, será simples fase do processo. Porém, se fundada em título executivo extrajudicial, por coerência, será uma ação executiva autônoma. O mesmo deverá ocorrer na ação de cumprimento (acordo ou sentença coletiva), e a nulidade de citação, como já demonstramos só caberá na ação executiva de título judicial (art. 877) ou extrajudicial (art. 877-A), ou na fase de execução, nunca alcançando a fase de conhecimento da ação individual ou plúrima. Hoje só se admite a nulidade de citação inclusive em execução civil nos processos contra a Fazenda Pública, conforme inciso I, do art. 741, CPC. Em síntese, nas execuções há citação, nas ações de conhecimento não, exceto na ação rescisória (art. 491 do CPC).

Aliás, o pedido que se mostra incontroverso é deferido até mesmo pelo Processo Civil, como proposto no § 6º do art. 273, CPC, incluído pela Lei n. 10.444, de 7.5.02, dentre outras providências que regulam a antecipação da tutela do pedido inicial.

Vale, porém, neste tópico, lembrar que, pelas disposições do art. 1º, IV e V, do Decreto-lei n. 779/69, e art. 1º-A da Lei n. 9.494/97, as entidades públicas federais, estaduais e municipais estão dispensadas de quaisquer depósitos prévios para interposição de recurso ou andamento da execução. Pela importância e conseqüências que possam advir, ressalta-se que o mencionado decreto-lei "dispõe sobre a aplicação de Normas Processuais Trabalhistas à União Federal, aos Estados, Municípios, Distrito Federal e Autarquias ou Fundações de Direito Público que não explorem atividade econômica".

## 6. A EXECUÇÃO DE VERBA PREVIDENCIÁRIA E A RETENÇÃO DO IMPOSTO DE RENDA

Em editorial publicado pela *Revista Valor Econômico,* de 11 de novembro de 2005, pude ler artigo da lavra de *Fernando Teixeira,* no qual afirma:

"O Tribunal Superior do Trabalho (TST) reviu ontem o texto da Súmula n. 368 e afastou a obrigação da Justiça do Trabalho recolher a contribuição previdenciária dos vínculos de empregados reconhecidos via ação declaratória, em que não são cobradas verbas trabalhistas, mas sim apenas assinatura em carteira."

E, mais adiante:

"Na nova versão, o recolhimento recai apenas sobre as decisões em que a condenação implica a cobrança das verbas trabalhistas devidas pelo empregador."

Aliás, o legislador constituinte derivado inicialmente incluiu no art. 114, da Carta Magna, o § 3º, que explicita: "Compete ainda à Justiça do Trabalho executar, de ofício, as contribuições sociais previstas no art. 195, I, *a,* e II, e seus acréscimos legais, decorrentes das sentenças que proferir" (EC n. 20, de 15.12.98). Hoje, a disposição consta do inciso VIII do art. 114, da Carta Magna, e nos §§ 1º-A e B, do art. 879, CLT. Isto quer dizer que caberá à própria parte, sob pena de preclusão temporal, apresentar os cálculos previdenciários em determinado prazo.

Portanto, para melhor entendimento, aqui cabe a transcrição de resumo de decisão publicada na *Revista Consultor Jurídico,* de 19 de abril de 2005:

"Poder de cobrar
Justiça Trabalhista pode executar dívidas com o INSS

A Justiça do Trabalho tem competência para executar as contribuições previdenciárias devidas ao INSS, quando reconhecido em juízo o vínculo empregatício por meio de acordo entre a empresa e o trabalhador. O entendimento é da 1ª Turma do Tribunal Superior do Trabalho, que acolheu recurso da Procuradoria Especializada do Instituto contra a Editora Primeira Hora Pantanal e um trabalhador com quem celebrou acordo em reclamação trabalhista. As informações são da Advocacia Geral da União.

No recurso, o INSS pretendia recolher a contribuição previdenciária sobre o valor acordado. Os procuradores federais defenderam que o § 3º, do art. 114, da Constituição Federal determina que a Justiça do Trabalho é competente para apurar e executar as contribuições previdenciárias decorrentes da sentença que homologou o acordo.

O Ministro Lélio Bentes acolheu o argumento e declarou que não há distinção entre sentenças declaratórias e condenatórias. 'No caso concreto, da sentença proferida resultou o reconhecimento da relação de emprego, dando azo ao fato gerador da contribuição'.

Em seu voto, o ministro Lélio Bentes citou o Decreto n. 4.032/01, que define como fato gerador do tributo a 'sentença condenatória ou acordo homologado, ou ainda sentença declaratória do vínculo de emprego'. Ele disse que 'havendo o reconhecimento do vínculo de emprego, é cabível a execução das contribuições sociais devidas, de ofício, pela Justiça do Trabalho'."

Quanto ao procedimento do recolhimento previdenciário, encontra-se explicitado nos arts. 78/92 da Consolidação dos Provimentos do Colendo Tribunal Superior do Trabalho.

Também é interessante a transcrição de ementa de julgado da 12ª Região, publicada no *Boletim AASP*, de 29 de março a 4 de abril de 2004, n. 2.360, às fls. 3.016.

"Contribuição Previdenciária — Valor a ser descontado. Não havendo sido informado que parcelas eram indenizatórias ou remuneratórias, o desconto previdenciário deve recair sobre o valor total do acordo" (TRT, 12ª Região, 2ª Turma, RO n. 8.176/01, Florianópolis/ SC; Ac. n. 3.198/2002; Relator Juiz José Luiz Moreira Cacciari; j. 25.3.02; v. u.)

Quanto à retenção dos impostos de renda nos autos da ação trabalhista, observará os arts. 74/77 da Consolidação dos Provimentos do Colendo Tribunal Superior do Trabalho, no capítulo 11 desta obra. Observará ainda o disposto na Lei n. 10.833/03 e na Instrução Normativa SRF n. 491, de 12.1.05, arts. 3º, 4º e 5º.

A obrigação do recolhimento e forma de cálculo fiscal e da previdência consta ainda da Súmula n. 368 do Colendo Tribunal Superior do Trabalho.

**Penhora on-line e o Provimento n. 1/2003 que regulamenta sua utilização. Desconsideração da pessoa jurídica**

A penhora *on-line* veio para ficar. Ela tem servido para dar efetividade e rapidez à penhora que, na verdade, é o caminho ágil para realização do crédito do exeqüente.

O Ministro *José Luiz Vasconcellos*, de saudosa memória, lembra:

"Liebman no livro 'A Execução' refere que, na execução a posição do executado não é aquela posição de igualdade do processo de conhecimento. Ele tem encargos e obrigações, exacerbados agora numa alteração do art. 601 do CPC."

*Antônio Álvares da Silva*, ilustre juiz da 3ª Região, em trabalho "Penhora *on-line*", suscita curiosa questão:

"Saber se constitui ou não ilegalidade a determinação da penhora em conta bancária fora da jurisdição do juiz do trabalho é questão jurídica de alta indagação que só pode ser discutida em sede jurisdicional e em casos concretos, os quais, naturalmente, subirão a instância máxima que terá possibilidade de se manifestar sobre eles pela via adequada, podendo inclusive emitir enunciados ou precedentes."

A questão, pela sua transcendência, vai chegar naturalmente ao STF.

A atitude dos magistrados trabalhistas de 1º grau, determinando a penhora em numerário de contas fora de sua jurisdição em bancos de dimensão nacional, é criativa, inteligente e foi gerada exatamente pela responsabilidade e pressão que pesam sob seus ombros de executar e tornar efetivas as decisões da Justiça do Trabalho.

Segundo entendo, ninguém em sã consciência irá expedir ofício ao juiz deprecado para que ative o sistema de penhora *on-line*, alertando assim o devedor quanto à providência adotada. A surpresa é o segredo da providência adotada junto ao Banco Central.

Aliás, a própria notificação inicial dar-se-á na forma do art. 841, da CLT, mesmo que o reclamado esteja estabelecido fora da circunscrição judiciária do juiz natural, sendo que o § 1º do artigo mencionado abre uma única exceção ao procedimento declinado, ou seja, "quando o reclamado criar embaraços ao seu recebimento, ou não for encontrado, a notificação dar-se-á por edital".

Por fim, as condenações definidas por lei de pequeno valor dispensam os precatórios emitidos contra as fazendas públicas, como deflui da leitura dos §§ 2º e 3º, do art. 100, da Carta Magna. Sua realização se dará por simples expedição de ofício à devedora.

Quanto ao Provimento n. 1/2003, com as alterações levadas a efeito, foi integrado aos arts. 53 e seguintes da Consolidação dos Provimentos da Corregedoria-Geral da Justiça do Trabalho.

A implantação da penhora *on-line* na Justiça Obreira muito se deveu ao ilustre Ministro desta Casa, *Ronaldo Lopes Leal*, que, na condição de Corregedor, baixou o provimento mencionado.

Mas não é só. Com a promulgação da Lei n. 10.444, de 7.5.02, publicada no DOU em 8.5.02, bem como recentes alterações no Código Tributário Nacional, muitos vislumbram a ampliação dessa penhora a imóveis e veículos. Veja, a propósito, a publicação no Jornal *O Estado de S. Paulo*, de 14 de maio de 2006 que transcrevo:

"Veículos e imóveis serão bloqueados *on-line*

O sistema de restrição *on-line* deve agilizar as execuções do judiciário a partir de outubro. Os juízes poderão expedir bloqueios de imóveis e carros de devedores que perderam a ação para penhora no ato da execução. Atualmente, é possível fazer velozmente o bloqueio de contas correntes e aplicações.

De acordo com a advogada tributarista, Ana Carolina Moraes Navarro, o sistema vai facilitar o processo para o credor. A burocracia hoje exige pelo menos um mês para conseguir o bloqueio de veículo ou residência do devedor. 'No Detran (Departamento Estadual de Trânsito) se consegue fazer a pesquisa para ver se há veículo em nome do devedor, mas tem de pedir ao juiz, que vai mandar um ofício ao órgão expedir a penhora. Com o sistema *on-line* ele poderá mandar ofício na hora.'

Além de agilizar a execução judicial, o sistema de penhora de veículos e imóveis também pretende combater a lavagem de dinheiro, sob a alegação de que estes são os destinos preferenciais do dinheiro de origem ilegal.

O Cadastro Nacional de Bens Imóveis da Anoreg, que será disponibilizado no sistema, também despertou interesse da Procuradoria-Geral da Fazenda Nacional (PGFN), que em 2005 conseguiu aprovar um novo artigo no Código Tributário Nacional para autorizar o Fisco a bloquear bens de devedores.

O sistema de penhora *on-line* foi criado em 2001 pelo Banco Central.*O Estado de S. Paulo* — 14 de maio de 2006."

A Lei n. 11.232/05 também trouxe mais efetividade à execução na esfera civil.

Ponto controvertido na Justiça do Trabalho seria a liberação de dinheiro em execução provisória, que entendo não aplicável a nossa realidade, porquanto, conforme venho demonstrando, no particular, a hipótese não se aplica aos processos trabalhistas em face da exigência de caução idônea. O próprio TST também já se manifestou contrário ao levantamento de depósito em execução provisória por meio da Súmula n. 417:

MANDADO DE SEGURANÇA. PENHORA EM DINHEIRO. (conversão das Orientações Jurisprudenciais ns. 60, 61 e 62 da SBDI-II — Res. n. 137/05 — DJ 22.8.05)

I — Não fere direito líquido e certo do impetrante o ato judicial que determina penhora em dinheiro do executado, em execução definitiva, para garantir crédito exeqüendo, uma vez que obedece à gradação prevista no art. 655 do CPC. (ex-OJ n. 60 — inserida em 20.9.00)

II — Havendo discordância do credor, em execução definitiva, não tem o executado direito líquido e certo a que os valores penhorados em dinheiro fiquem depositados no próprio banco, ainda que atenda aos requisitos do art. 666, I, do CPC. (ex-OJ n. 61 — inserida em 20.9.00)

III — Em se tratando de execução provisória, fere direito líquido e certo do impetrante a determinação de penhora em dinheiro, quando nomeados outros bens à penhora, pois o executado tem direito a que a execução se processe da forma que lhe seja menos gravosa, nos termos do art. 620 do CPC. (ex-OJ n. 62 — inserida em 20.9.00)

Mas o iminente juiz da 10ª Região, Doutor *Rubens Curado Silveira*, escreveu:

"Aliás, é interessante notarmos a naturalidade com que encaramos o corriqueiro risco do exeqüente, que após o lento trâmite judicial ainda fica à mercê da possibilidade econômica do executado. Todavia, à primeira vista nos surpreendemos com a inovação legislativa que simplesmente transfere ao executado, em hipótese restrita, esse mesmo risco.

O essencial é percebermos que a lei, dentre os bens jurídicos inconciliáveis a serem protegidos, ou seja, entre o dano imediato que a espera do trânsito em julgado gera ao exeqüente em estado de necessidade, e o eventual dano que tal procedimento pode causar ao executado, preferiu salvaguardar aquele, mesmo porque amparado em decisão judicial, ainda que não transitada em julgado. Em outras palavras, o legislador já fez a sua escolha. Cabe a cada magistrado fazer a sua.

Por fim, esta inovação demonstra uma inversão salutar da tendência de concentração do poder na cúpula do Judiciário. E se o próprio legislador nos confiou esse poderoso instrumento de entrega célere da prestação jurisdicional, elemento que faltava na nossa luta cotidiana contra o tempo, só nos resta encarar o desafio com coragem e cautela, virtudes que se completam."

## 7. DESCONSIDERAÇÃO DA PESSOA JURÍDICA E SUCESSÃO TRABALHISTA. FALÊNCIA E A SITUAÇÃO DO EMPREGADOR, DO EMPREGADO E DE TERCEIROS

A desconsideração da pessoa jurídica é tema dos mais antigos, e que agora aparece com roupagem mais elucidativa prevista no art. 28 do CDC.

A fraude à execução sempre foi obstaculizada pelo legislador. Na CLT, pelo óbice dos arts. 10 e 448, que protegem os direitos dos trabalhadores contra qualquer alteração na estrutura jurídica da empresa. Pela disposição do art. 889, da CLT, que remete o crédito trabalhista tanto à Lei n. 6.830, de 22.9.80, que cuida dos executivos fiscais para dirimir subsidiariamente incidentes da execução, como aos arts. 185 e 186, da Lei n. 5.172, de 25.10.66, o Código Tributário Nacional.

Conclui-se que o crédito trabalhista prefere a qualquer outro. Lamentavelmente, entendo que o art. 29 da Lei n. 6.830/80 não se aplica à Justiça do Trabalho, que possui norma específica em vigor, os arts. 449 e 768, da CLT, que remetem os créditos trabalhistas ao juízo universal da falência.

Porém, cabe aqui alusão ao § 1º-A, do art. 100, da CF, que reconhece como crédito de natureza alimentícia os salários e vencimentos dos empregados e servidores.

Em artigo publicado no dia 14 de julho de 2006 pela *Revista Consultor Jurídico,* em comentário ao Recurso de Revista, RR n. 777.553/2001.7, foi escrito:

"A empresa executada recorreu ao TST. Alegou que decretada a falência, a universalidade do juízo falimentar não permite que a execução prossiga na jurisdição trabalhista. O empregado, de acordo com a empresa, deve habilitar seu crédito no juízo falimentar.

A Sexta Turma seguiu jurisprudência do TST e acolheu o recurso da massa falida. Segundo o Ministro Aloysio Corrêa da Veiga, a competência da Justiça do Trabalho restringe-se à declaração de crédito e fixação do seu montante, para posterior habilitação em juízo universal.

O art. 83, da nova lei de falência (Lei n. 11.101/05), apresenta a ordem de classificação dos créditos no juízo falimentar. Embora o crédito trabalhista tenha precedência na ordem de classificação dos créditos na falência, ele está sujeito a rateio com os demais créditos trabalhistas. Por isso a importância da habilitação do crédito no juízo da falência."

O culto magistrado desta Região, *Francisco Antonio de Oliveira*, em artigo publicado na *Revista Gênesis* n. 91, p. 46/52, sob o título "Da Responsabilidade do Sócio", escreveu:

"É tempo de afirmar sem rebuços, que nas sociedades por quotas de responsabilidade limitada, todos os sócios devem responder com seus bens particulares, embora subsidiariamente pelas dívidas trabalhistas da sociedade; a responsabilidade deles deve ser solidária, isto é, caberá ao empregado exeqüente o direito de exigir de cada um dos sócios o pagamento integral da exceção à regra, segundo a qual a responsabilidade dos sócios se exaure no limite do valor do capital social; a responsabilidade trabalhista dos sócios há de ser limitada embora de forma subsidiária; verificada a insuficiência do patrimônio societário, os bens dos sócios individualmente considerados, porém solidariamente, ficarão sujeitos à execução, ilimitadamente, até o pagamento integral dos créditos dos empregados. Não se compadece com a índole do direito obreiro a perspectiva de ficarem os créditos trabalhistas a descoberto, enquanto os sócios, afinal os beneficiários diretos do resultado do labor dos empregados da sociedade, livram seus bens pessoais da execução, a pretexto de que os patrimônios são separados. Que permaneçam separados os efeitos comerciais, compreende-se; já para efeitos fiscais, assim não entende a lei; não se deve permitir, outrossim, no Direito do Trabalho, para completa e adequada proteção dos empregados. (...) quanto às sociedades anônimas, a questão é mais delicada e exige reflexão. Impraticável será invocar-se as responsabilidades dos acionistas é evidente. A responsabilidade há de ser dos gestores (diretores, administradores, pouco importa a denominação). Urge, também, proclamar que, se insuficiente o patrimônio da sociedade anônima, os diretores responderão, solidariamente, com seus bens particulares pela satisfação dos direitos trabalhistas dos empregados da sociedade. Semelhante conclusão não aberra da moderna concepção vigente a respeito da responsabilidade de gestores de sociedades por ações. No campo da execução trabalhista, a responsabilidade dos gestores se traduziria na obrigação de satisfazer subsidiariamente os débitos da sociedade. A perspectiva de ter de responder com seus bens pessoais pelas dívidas sociais (embora somente depois de executado o patrimônio social) certamente estimulará os gestores no sentido de conduzirem sua administração a bom êxito, evitando arrastar a sociedade à posição de devedor insolvente ante seus empregados."

Por fim, no capítulo atinente à desconsideração da pessoa jurídica, bem como aos casos de sucessão de empresas, cabe aqui a transcrição do art. 29, da Consolidação das Normas da Corregedoria da 2ª Região, para garantir a terceiros uma compra de imóveis, ou outro bem que esteja comprometido com a execução:

"Sempre que o pólo passivo na execução for ampliado para alcançar bens de sócios e/ou ex-sócios da parte executada, assim como de empresa sucessora ou pertencente ao mesmo grupo, inclusive em decorrência de alteração de razão social, essa circunstância deverá constar da autuação e demais registros do processo, cabendo à Secretaria da Vara emitir nova folha de rosto, o que permitirá atualizar todo o Sistema, inclusive para futura extração de certidões e quaisquer outros documentos."

Temos mais dois artigos publicados, respectivamente, em 23.2.06 e 7.6.06:

(Fonte: Juristas.com_Dia 23 de fevereiro de 2006)

"TRT-SP suspende penhora de imóvel vendido antes de condenação trabalhista.

Para a 7ª Turma do Tribunal Regional do Trabalho da 2ª Região (TRT-SP), a simples suspeita de que o devedor enfrenta dificuldades financeiras não autoriza a apreensão de bem que vendeu antes da condenação trabalhista.

Uma ex-empregada da Indústria e Comércio de Confecções Rocha Lima Ltda. ganhou, na Justiça do Trabalho, o direito de receber verbas e indenizações devidas pela empresa. Como a confecção não quitou o débito, a 60ª Vara do Trabalho de São Paulo determinou a penhora de bens da empresa e de seus proprietários, entre eles o imóvel de um dos sócios já vendido.

Os atuais proprietários do imóvel apelaram ao TRT/SP contra a penhora, sustentando que o adquiriram 'sem vícios ou fraudes e em data anterior à primeira audiência'. Segundo eles, não havia qualquer indício de insolvência da confecção à época da compra.

A trabalhadora contestou a alegação da empresa, defendendo que, na verdade, o sócio não poderia ter vendido o patrimônio depois de ajuizado o processo trabalhista.

De acordo com a juíza Catia Lungov, relatora do Agravo de Petição em Embargos de Terceiro, a ação principal foi distribuída em 10.11.99, com designação de audiência em 15.5.00, enquanto a venda do imóvel penhorado ocorreu em 13.4.00.

Para a relatora, 'a situação acima descrita não permite concluir pela tipificação do art. 593, II, do CPC, como pretende o exeqüente, pois um dos pressupostos para a caracterização da fraude à execução é o estado de insolvência ao qual o devedor é conduzido em virtude da alienação de terceiro'.

'Os sócios da executada, cujos nomes devem figurar na autuação do processo tão logo lhe seja imputada a responsabilidade trabalhista, para que, através da publicidade, garanta-se o direito de terceiros de boa-fé, de endereço certo e é aí que deve ser buscada a satisfação do crédito exeqüendo', observou a juíza Catia Lungov.

'O direito tem por escopo a estabilidade social da Justiça, por função, a solução dos conflitos. O primeiro não se cumpre quando ferido o princípio da razoabilidade e a segunda falha quando, para resolver uma causa, deixa de tutelar a boa-fé', concluiu.

Por unanimidade, os juízes da 7ª Turma acompanharam o voto da relatora, liberando o imóvel da penhora.

AP n. 01859.2005.060.02.00-1."

Temos ainda a invocar a ementa abaixo transcrita, do *Boletim* n. 21/20 de AASP, *verbis:*

04. EMBARGOS DE TERCEIRO — RESPONSABILIDADE CIVIL — PESSOA JURÍDICA — CONSTRIÇÃO DE BENS DOS SÓCIOS DA EMPRESA DEVEDORA POR AUSÊNCIA DE PATRIMÔNIO EM SEU NOME — ADMISSIBILIDADE. Hipótese em que os lucros da empresa são utilizados para aquisição de bens exclusivamente em nome dos sócios e familiares. A caracterização de confusão entre as fortunas dos sócios e seus familiares e da pessoa jurídica. Embargos improcedentes. Recurso provido. PENHORA — Bem de família — Dívida decorrente de prática de ato ilícito com vítima fatal. Possibilidade da penhora para garantir a pensão alimentícia. Art. 3º, inciso III, da Lei n. 8.009/90. Embargos de terceiro parcialmente procedentes. Recurso provido em parte (1º TACivil, 9ª Câm. de férias de julho de 1997; Ap. n. 737.182-8-São Paulo-SP; Rel. Juiz José Luiz Gavião de Almeida; 30.9.97; v. u.; ementa)

(*Revista Consultor Jurídico*, 7 de junho de 2006)

"Ex-sócio tem conta penhorada para pagar dívida trabalhista.

Se não está afastado da empresa há mais de dois anos, ex-sócio pode ter bens penhorados para pagar dívida trabalhista. Com esta posição, os juízes da Seção Especializada em Dissídios Individuais, do TRT da 2ª Região (São Paulo), negaram pedido de ex-sócio da empresa Arte e Visão Gráfica Ltda., que teve suas contas bancárias penhoradas pela 27ª Vara do Trabalho de São Paulo.

Após firmar acordo na 27ª Vara do Trabalho, a empresa pagou apenas as duas primeiras parcelas combinadas. Foi desencadeada, então, a execução dos bens da empresa e dos sócios. Como não conseguiu receber o valor total, o ex-empregado requereu a execução contra um antigo sócio.

Este, então, interpôs mandado de segurança, alegando que o acordo foi celebrado em 30.6.99, ocasião em que já não fazia parte da sociedade, tendo se retirado em 5.3.98.

O juiz Délvio Buffulin, relator do processo no Tribunal, constatou que o período em que vigorou o contrato de trabalho foi de 11.8.94 a 26.2.99, o acordo foi homologado em 30.6.99 e o sócio se desligou em 5.3.98.

Observou o juiz relator que, conforme dispõe o Código Civil, 'não transcorreu o prazo de dois anos entre a retirada do impetrante da sociedade e a proposição da reclamação trabalhista'.

Os juízes da SDI, por unanimidade, acompanharam o relator, mantendo o bloqueio da conta até a quitação da dívida (Processo n. 12695.2004000.02.00-3 — com informações do TRT-2)."

Temos, ainda, o resumo do acórdão de "livre penhora" e que vale a pena consultar e conferir:

(Fonte: Consultor Jurídico — 23 de fevereiro de 2006)
"Livre da Penhora.

Responder à ação trabalhista não impede venda de imóvel.

Se sócio de empresa vende imóvel antes da condenação trabalhista, este fica livre da penhora. O entendimento é da 7ª Turma do Tribunal Regional do Trabalho da 2ª Região (São Paulo).

Os juízes liberaram da penhora um imóvel que pertencia a um dos sócios da Indústria e Comércio de Confecções Rocha Lima, vendido antes que a empresa fosse condenada a quitar verbas trabalhistas de uma ex-empregada.

Cabe recurso.

Uma trabalhadora ganhou o direito de receber verbas e indenizações devidas pela empresa. Como a confecção não quitou o débito, a 60ª Vara do Trabalho de São Paulo determinou a penhora de bens da empresa e de seus proprietários, entre eles, o imóvel de um dos sócios já vendido.

Contra a penhora, os atuais proprietários do imóvel apelaram ao TRT paulista, sustentando que o adquiriram 'sem vícios ou fraudes e em data anterior à primeira audiência'. Segundo eles, não havia qualquer indício de insolvência da confecção à época da compra.

A trabalhadora contestou a alegação da empresa, defendendo que, na verdade, o sócio não poderia ter vendido patrimônio depois de ajuizado o processo trabalhista.

A relatora, juíza Catia Lungov, esclareceu que a ação principal foi distribuída em 10 de novembro de 1999, com designação de audiência em 15 de maio de 2000, enquanto a venda do imóvel penhorado ocorreu em 13 de abril de 2000.

Para a relatora, 'a situação acima descrita não permite concluir pela tipificação do art. 593, II, do CPC, como pretende o exeqüente, pois um dos pressupostos para caracterização da fraude à execução é o estado de insolvência ao qual o devedor é conduzido em virtude da alienação ao terceiro'.

'Os sócios da executada, cujos nomes devem figurar na autuação do processo tão logo lhe seja imputada responsabilidade trabalhista, para que, por meio da publicidade, garanta-se o direito de terceiros de boa-fé, têm endereço certo e é aí que deve ser buscada a satisfação do crédito exeqüendo', observou a juíza.

'O direito tem por escopo a estabilidade social e a Justiça, por função, a solução dos conflitos. O primeiro não se cumpre quando ferido o princípio da razoabilidade e a segunda falha quando, para resolver uma causa, deixa de tutelar a boa-fé'."

Neste item cabe ainda alusão ao art. 2º da CLT que define o empregador como sendo a empresa individual ou coletiva. O legislador laborista sabia bem distinguir o que seria uma pessoa jurídica, já que no art. 3º, define o empregado como sendo a pessoa física.

Portanto, mais lógico seria definir o empregador como pessoa jurídica ou física. Mas assim não procedeu, visto que empresa é um termo mais abrangente e que melhor se identifica com o fundo de comércio, ou seja, as pessoas e bens que dela participam. Daí por que, se determinada pessoa, com poder de mando e disposição de bens, dela participou e aferiu lucros, responde a qualquer momento pela execução de créditos trabalhistas, excutindo-se, naturalmente, primeiro os bens da empresa e depois, se insuficientes, dos sócios atuais e anteriores, nesta ordem.

A *Revista Consultor Jurídico*, em matéria de 17 de março de 2004, publicou o seguinte artigo: "Execução Trabalhista — Bens de Sócios podem ser Penhorados". Diz, ainda:

"Essa possibilidade, prevista na chamada 'teoria da desconsideração da personalidade jurídica', foi reconhecida em decisão majoritária da 3ª Turma do Tribunal Superior do Trabalho, com base no voto da juíza convocada Dora Maria da Costa. No julgamento, o TST negou um agravo a uma empresa do interior paulista."

E, prossegue:

"A relatora do recurso constatou que Neli participou com seu marido da sociedade empresarial e que a participação da empresária ocorreu na época em que estava em curso o contrato de trabalho do credor (ex-empregado). Também foi reconhecido que, à época da execução, os sócios não indicaram os bens da empresa passíveis de execução, tampouco comprovaram a existência de tal patrimônio."

Da *Revista Valor Econômico,* do dia 4 de julho de 2006, podemos transcrever parte de artigo "Bens Pessoais na Mira da Justiça", da lavra de *Cristina Prestes* e *Zínia Baeta*, nos seguintes termos, a título de valiosa ilustração dessa situação:

"Há cerca de dez anos, o advogado sócio de um escritório de pequeno porte, localizado em São Paulo, atuou como procurador de uma empresa estrangeira que se tornou sócia minoritária de uma companhia de componentes eletrônicos por meio de uma sociedade formada no Brasil. A indústria não deu certo, tornou-se devedora do fisco estadual e foi inscrita na dívida ativa da Fazenda Paulista. Para executar o débito, a Fazenda colocou no pólo passivo da ação judicial os ex-diretores da indústria e sua acionista minoritária e também o advogado que assinou o contrato social, mas que já havia deixado de fazer parte dele desde o início do acontecimento. O resultado: o advogado, colocado entre os réus da ação como responsável solidário pela dívida, foi intimado do processo há cerca de um ano, teve duas tentativas de recursos negados pela Justiça e foi obrigado a obter uma fiança bancária no valor de R$ 500.000,00 para garantir o débito e se defender no processo da execução, que corre na primeira instância da Justiça de São Paulo."

Dando seguimento:

"Casos como este, estão se tornando comum no Brasil, seja no âmbito fiscal, trabalhista ou previdenciário. Amparados por legislações que surgiram ao longo dos últimos anos e que buscam responsabilização de sócios e administradores de empresa pelas dívidas e danos causados por elas, juízes federais, estaduais, trabalhistas têm garantido às Fazendas Federal, Estaduais, ao Instituto Nacional do Seguro Social (INSS) e a trabalhadores que cobrem dívidas de ex-patrões o pagamento de débitos por meio dos bens dos excutidos quando o patrimônio das empresas não é suficiente para quitá-los."

Daí, se conclui que, se o aviamento da empresa não é suficiente para liquidação do débito, responderão por ele os bens particulares dos sócios, na forma descrita neste subtítulo. Acrescente-se que, a qualquer tempo, o bem penhorado pode ser substituído por dinheiro sem configurar segunda penhora, consoante acórdão abaixo transcrito:

Poder Judiciário
Tribunal Regional do Trabalho — 2ª Região
Acórdão: SDI n. 944/98-3
Processo: SDI n. 2.249/97-7
Mandado de Segurança
Número na Pauta: 026
Impetrante: Hidroservice Engenharia Ltda.
Impetrado: Ato do Exmo. Juiz Presidente da MM. 4ª JCJ/SP
Litisconsorte: José Pereira da Silva

Ementa: MANDADO DE SEGURANÇA. SUBSTITUIÇÃO DA PENHORA. "A substituição da penhora por dinheiro pode se dar a qualquer tempo, a requerimento da parte ou por determinação do juiz, não se configurando, em conseqüência, segunda penhora. Interpolação dos arts. 667 e 668 do CPC."

ACORDAM os Juízes da Seção Especializada do Tribunal Regional do Trabalho da 2ª Região, em: Continuando o julgamento adiado por pedido de vista regimental, decidiu a Seção Especializada, por maioria de votos, denegar a segurança, vencidos os Exmos. Juízes Miguel Gantus e Argemiro Gomes. Custas pelo impetrante no importe de R$ 20,00 (vinte reais).

São Paulo, 18 de junho de 1998.

JOÃO CARLOS DE ARAÚJO, Presidente e Relator.

MARISA MARCONDES MONTEIRO, Procuradora (Ciente).

A Impetrante pretende através do presente *mandamus* atacar o ato da D. Autoridade, dita coatora, que determinou a penhora sobre créditos da reclamada.

A D. Autoridade prestou informações às fls. 94/96.

O litisconsorte se manifestou às fls. 109/111.

A D. Procuradoria opina às fls. 99/101 e 115/117 pela denegação da segurança.

É o relatório.

### VOTO

Não assiste razão a Impetrante.

Na verdade, o juízo é livre para deliberar sobre a conduta mais eficiente a ser tomada para satisfação do crédito do credor, além do que, a matéria abordada pela Impetrante, seja ela a penhora de crédito, possui remédio jurídico apropriado distinto do Mandado de Segurança, seja ele Embargos à Execução, ensejando a extinção do feito sem julgamento de mérito, consoante o art. 5º, II, da Lei n. 1.533/51.

Por outro lado, ao contrário do que alega a Impetrante, houve sim a correta aplicação do art. 656 CPC, não se vislumbrando qualquer ilegalidade ou arbitrariedade por parte da D. Autoridade.

Ante o exposto, denego a segurança na forma da fundamentação do voto.

Custas pela Impetrante, sobre R$ 1.000,00.

JOÃO CARLOS DE ARAÚJO, Juiz Relator.

# 8. O MONITORAMENTO

Como sabemos, a execução pode ser espontânea, quando o devedor paga ao credor o que lhe é devido antes ou logo após sua citação; ou forçada, quando reluta em liquidar seu débito.

Mas minha passagem pela Vice-Presidência Judicial trouxe-me uma grata satisfação ao perceber que, nos dissídios coletivos, muitas empresas em situação econômica difícil querem a todo custo o acordo para parcelar seu débito junto aos seus empregados. Estes, por sua vez, reconhecendo, principalmente com o aconselhamento de seus sindicatos, que melhor será o acordo ao perceberem que, na Sessão Especializada, a empresa poderá ser levada a uma situação falimentar, na preservação do emprego costumam, sob a fiscalização do juiz instrutor, aceitar propostas com cálculos elaborados pelo proficiente setor econômico do Tribunal. Isso me levou a publicar artigo em suplemento da *Revista LTr*, no qual elucido o assunto nos seguintes termos:

"Na verdade, segundo entendo, monitoramento, como exposto, possui natureza dupla, pois é medida administrativa inicialmente e judicial pelo descumprimento do avençado.

'Outra questão que me parece relevante e que foi aplaudida pelos advogados militantes na área, pois envolvem dois grandes problemas que assolam o País: o desemprego e a insolvência das empresas. Nos processos de greve por mora salarial em sentido abrangente com pleitos fundiários, dentre outros, concluo que o Juiz Instrutor inspirado no princípio da eqüidade poderá, ao notar que a empresa esforça-se para resgatar seus débitos trabalhistas, propor-se a monitorar o acerto entre as partes. Sua implantação tem funcionado junto àqueles que preservam o emprego e confiam na Justiça, e na boa-fé do empregador. Assim, tenho conservado o processo na fase instrutória marcando audiências para oitiva das partes quando há descumprimento involuntário da empresa na planilha de acerto de pagamento elaborada dentro das forças financeiras da empresa. Geralmente, é o Sindicato Profissional que provoca o juízo que, designando nova audiência, acerta aquela nova questão pendente, e os autos voltam à secretaria aguardando a finalização do que ficara combinado com a empresa. É que, se agirmos fora da eqüidade, levaremos a empresa, por vezes, com centenas de empregados à bancarrota, ou seu fechamento após arrecadar-se seus bens e de seus sócios. Assim, assiste-se ao triste esfacelamento de uma geradora de empregos e outros desempregados serão colocados à margem do setor econômico.

Tenho obtido êxito. Alguns advogados por conta própria já requerem ao juízo o monitoramento do processo, e assim conseguiram evitar o encerramento de várias empresas que, com consentimento do sindicato profissional, conseguem liberar-se da dívida, e o processo acaba no arquivo geral a pedido das partes.

E, para facilitar o entendimento entre as partes, costumo designar uma sessão onde os economistas desta Casa colaborarão para encontrar uma solução adequada e parcelada do débito e que possa resultar na pacificação das partes, com o soerguimento da empresa.

Eu não criei, apenas apliquei aquilo que sobeja da lei. Espero que meus sucessores tenham a mesma sorte na sua aplicação.

Porém, isso deverá ficar bem assentado, ou seja, se o juiz instrutor perceber que a empresa, ao invés de cumprir o avençado, prefere usar de ardis e artifícios, imediatamente decretará o encerramento da instrução, e com o parecer da Douta Procuradoria levará, de imediato, o processo a julgamento, com o rigor da lei, e aplicação literal do precedente normativo n. 23. Assim, experimentará, na pele, o rigor da lei."

Sugiro que esse monitoramento seja também aplicado nas execuções perante as varas tanto para títulos judiciais como extrajudiciais, com o fito de recuperar empresas e devedores de boa-fé.

Meu jubilo foi maior quando soube que juízes da envergadura intelectual de *Pedro Paulo Teixeira Manus* e *Wilma Nogueira de Araújo Vaz da Silva* mantiveram o monitoramento enquanto exerciam o espinhoso cargo de Vice-Presidente Judicial, por anseio dos próprios advogados que militam na área dos dissídios coletivos.

Este procedimento não se confunde com a ação monitória prevista no art. 1.102-A do CPC, que depende de processo distinto, ou com a recuperação judicial como prevista na Lei n. 11.101/05, embora de maneira mais simples se possa alcançar o mesmo resultado em ambos os casos.

## 9. SINOPSE DA EXECUÇÃO. SENTENÇA DEFINITIVA. APLICAÇÃO DA SÚMULA N. 1 DO TRT/SP

SÚMULA N. 1 — EXECUÇÃO TRABALHISTA DEFINITIVA. CUMPRIMENTO DA DECISÃO (Resolução Administrativa n. 6/02 — DJE 28.6.02)

"O cumprimento da decisão se dará com o pagamento do valor incontroverso em 48 horas, restando assim pendente apenas o controvertido saldo remanescente, que deverá ser garantido com a penhora."

CLT — **Art. 879.** Sendo ilíquida a sentença exeqüenda, ordenar-se-á, previamente, a sua liquidação, que poderá ser feita por cálculo, por arbitramento ou por artigos.

§ 1º Na liquidação, não se poderá modificar, ou inovar, a sentença liquidanda, nem discutir matéria pertinente à causa principal.

§ 1º-A A liquidação abrangerá, também, o cálculo das contribuições previdenciárias devidas.

"§ 1º-B As partes deverão ser previamente intimadas para a apresentação do cálculo de liquidação, inclusive de contribuição previdenciária incidente."

Prazo: 10 dias

Exemplos:

*Primeira Hipótese*

Cálculos apresentados pelo Reclamante: R$ 100

Cálculos apresentados pela Reclamada: R$ 50

Cálculo homologado pelo Juiz (o apresentado pelo reclamante)

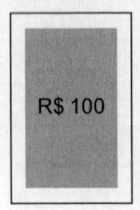

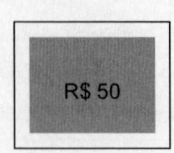

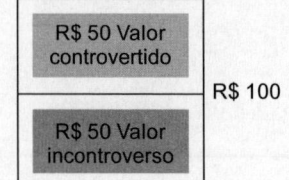

R$ 100

R$ 50

R$ 50 Valor controvertido
R$ 50 Valor incontroverso
R$ 100

*Segunda Hipótese:*

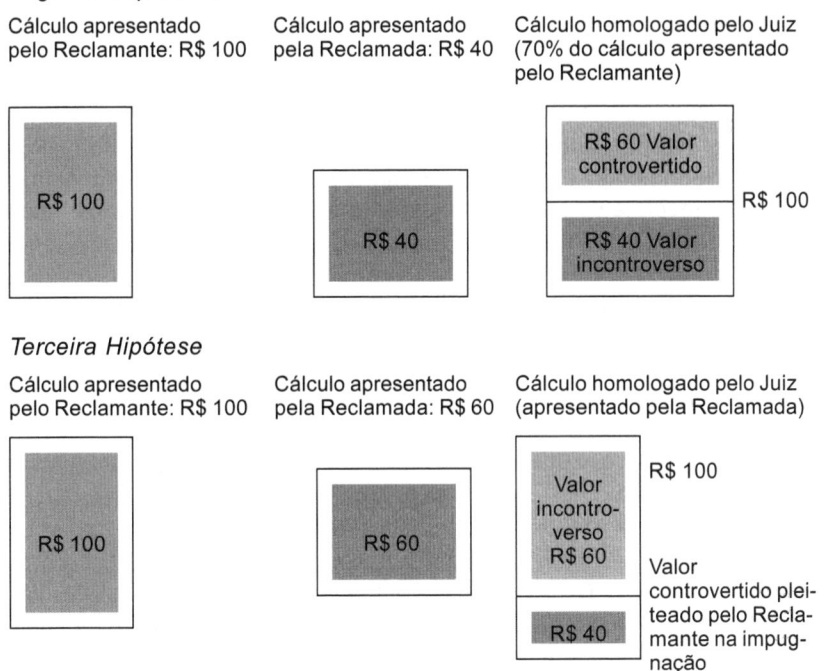

| Cálculo apresentado pelo Reclamante: R$ 100 | Cálculo apresentado pela Reclamada: R$ 40 | Cálculo homologado pelo Juiz (70% do cálculo apresentado pelo Reclamante) |

[Diagrama: R$ 100 | R$ 40 | R$ 60 Valor controvertido / R$ 40 Valor incontroverso — total R$ 100]

*Terceira Hipótese*

| Cálculo apresentado pelo Reclamante: R$ 100 | Cálculo apresentado pela Reclamada: R$ 60 | Cálculo homologado pelo Juiz (apresentado pela Reclamada) |

[Diagrama: R$ 100 | R$ 60 | Valor incontroverso R$ 60 (total R$ 100) / R$ 40 — Valor controvertido pleiteado pelo Reclamante na impugnação]

§ 2º Elaborada a conta e tornada líquida, o Juiz *poderá* abrir às partes prazo sucessivo de 10 (dez) dias para impugnação fundamentada com a indicação dos itens e valores objeto da discordância, *sob pena de preclusão.*

Os cálculos apresentados pela reclamada são valores *incontroversos.*

Deve ser expedido mandado de citação *para pagamento, em 48 horas, dos valores incontroversos*, e garantida, por penhora, o saldo restante.

**Art. 884.** *Embargos à Execução.* "Garantida a execução ou penhorados os bens, terá o executado cinco dias para apresentar embargos, cabendo igual prazo ao exeqüente para impugnação.

§ 1º A matéria de defesa será restrita às alegações de cumprimento da decisão ou do acordo, quitação ou prescrição da dívida."

Estas são as condições (da ação) para o ajuizamento de embargos à execução que, se não cumpridas, culminarão com a sua *rejeição*. O pagamento do valor incontroverso se faz necessário.

**Art. 897.** *Agravo de Petição.* "Cabe agravo, no prazo de 8 (oito dias):

§ 1º O agravo de petição só será recebido quando o agravante delimitar, justificadamente, as matérias e os valores impugnados, permitida a execução imediata da parte remanescente até o final, nos próprios autos ou por carta de sentença."

Não cumpridos os requisitos (*inclusive com o pagamento do valor incontroverso*), será denegado seguimento ao Agravo.

Acórdão n. 20010178460
Número de Pauta: 026
Processo TRT/SP n. 20010033534
Agravo de Petição: 1ª VT de Cubatão
Agravante: Francisco das Chagas Farias de Oliveira
Agravada: Enesa Engenharia S/A
EMENTA: AGRAVO DE PETIÇÃO. DELIMITAÇÃO JUSTIFICADA DE VALORES. PRESSUPOSTO EXIGÍVEL APENAS DA EXECUTADA. A interpretação sistemática e finalística dos termos do art. 897, § 1º, da CLT, conduz ao entendimento de que o cumprimento do pressuposto da delimitação justificada de valores é exigível apenas da executada, já que seu escopo é o de propiciar o levantamento imediato, pelo exeqüente, da parte da execução sobre a qual não pende controvérsia.

ACORDAM os Juízes da 8ª Turma do Tribunal Regional do Trabalho da Segunda Região em: por unanimidade de votos, rejeitar as preliminares argüidas; no mérito, por unanimidade de votos, tendo a Juíza Maria Luíza Freitas acompanhado o entendimento desta Turma quanto aos descontos previdenciários e fiscais, dar provimento parcial ao agravo de petição, para atribuir à reclamada a integral responsabilidade pelos recolhimentos previdenciários e fiscais, vedados descontos a esses títulos no crédito exeqüendo.

São Paulo, 16 de abril de 2001.
WILMA NOGUEIRA DE ARAÚJO VAZ DA SILVA, Presidenta e Relatora.

Pela sua relevância, transcrevo aqui mais um artigo publicado na *Revista LTr*, de janeiro de 2006, sob o título "Lineamento da Execução de Título Judicial Trabalhista".

## "LINEAMENTO DA EXECUÇÃO DE TÍTULO JUDICIAL TRABALHISTA

### 1. A Consolidação das Leis do Trabalho e a Execução Judicial

Ao contrário do que se pensa, a Consolidação deve ocupar lugar de destaque, no nosso ordenamento, por ser um dos seus Códigos mais modernos. Previu, já na época de sua publicação, o direito difuso nos dissídios coletivos e, ainda, serviu para modernizar o Código de Processo Civil, servindo de paradigma para vários institutos.

### 2. O Processo Trabalhista

Na fase de conhecimento, o processo trabalhista tem natureza mista: ora dispositivo, ora inquisitório. Na fase de execução, por sua vez, a sua natureza é inquisitória.

Ao contrário do que ocorre no processo civil, a execução judicial trabalhista é uma fase da reclamação, a despeito de iniciar-se com a citação do executado.

É fase porque o próprio juiz que proferiu a sentença é quem deverá, independentemente da iniciativa do exeqüente ou de qualquer interessado, obrigatoriamente instaurá-la. Por isso é uma fase inquisitória do processo e, em assim sendo, não se admitirá, por óbvio, que o juiz executor aplique a prescrição intercorrente, pois seria o reconhecimento explícito de sua inércia.

### 3. Execução de Título Judicial

Referimo-nos, aqui, à execução de uma sentença definitiva com trânsito em julgado. Para exemplificar, vamos considerar um dissídio coletivo, no qual o sindicato profissional, há dez anos, conquistou cesta básica no embate contra o sindicato patronal. Determinada empresa ora concede, ora não, a indigitada cesta. Os seus empregados, através do sindicato, substituto processual da categoria, ingressam com uma ação de cumprimento, que é julgada procedente em parte, e confirmada a decisão na instância superior. Com a baixa do processo se dá início à execução. *Vide* item 4.

Apenas na liquidação, o juiz executor determinará que se identifiquem os seus beneficiários e se apresentem os cálculos de cada um, em determinado prazo consoante a complexidade da execução. Vale lembrar que o prazo é único, podendo ser dividido de comum acordo entre as partes (*art. 879*, § 1º-B e *art. 901,* ambos da CLT).

Apresentados os cálculos, o juiz executor, se assim entender, determinará que, sucessivamente, se manifestem as partes, em dez dias, sobre determinado ponto que lhe parece ainda obscuro (*art. 879*, § 2º, da CLT). Assim procederá, em cumprimento à determinação legal, que não admite o contraditório antes do momento processual apropriado. Essa questão é de extrema relevância para a celeridade processual. No processo, assim como na partitura musical, deve existir uma seqüência harmônica. Cada ato deverá ser praticado no seu momento oportuno. A impugnação se dará naquele previsto no *art. 884* da CLT.

O exeqüente apresenta seus cálculos e, imediatamente, a executada exibirá o seu, com a indicação da quantia que entende incontroversa.

Para exemplificar, consideremos a hipótese ilustrada a seguir:

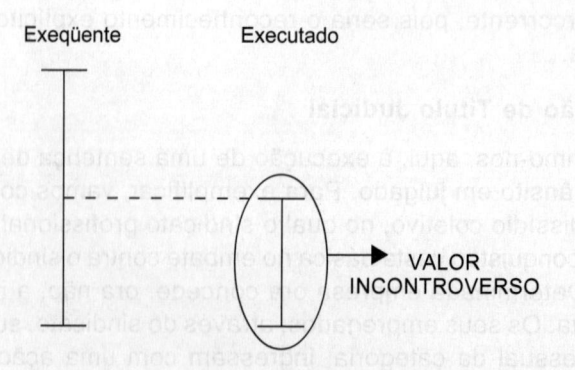

Exeqüente          Executado

▶ VALOR INCONTROVERSO

O juiz executor poderá não aceitar integralmente um dos cálculos ou ambos. Então a ilustração ficará assim:

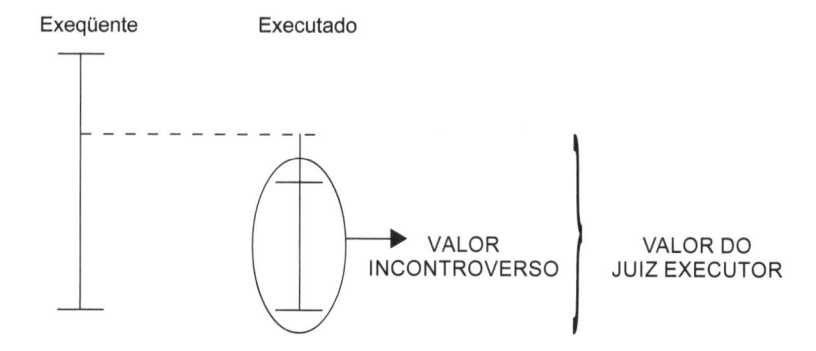

```
Exeqüente        Executado
    |                |
    |- - - - - - - - |- - - -|
    |               (|)  ──► VALOR           ) VALOR DO
    |                |       INCONTROVERSO   ) JUIZ EXECUTOR
    |                |
```

A importância incontroversa, nos dois casos, deverá ser colocada à disposição do exeqüente em 48 horas (*art. 880* da CLT). Assim, o despacho homologatório pode ser proferido nos seguintes termos:

'Homologo os cálculos, fixando o valor em 'R$ X,00'. Cite-se o executado para que pague, em 48 horas, a quantia incontroversa, e garanta a execução em 5 dias, pela penhora, quanto ao remanescente fixado na homologação e que excedeu a importância reconhecida pela executada.'

Ainda neste despacho homologatório e de citação determinará que a Previdência sobre ele se manifeste em 10 dias (*art. 879*, § 3º da CLT).

### 4. A Impugnação Prevista no *Art. 884* e §§ da CLT

A impugnação dos cálculos, conforme já dissemos, se dará na ação incidental constitutiva, ou desconstitutiva, como previsto no § 3º do artigo citado. Essa ação incidental é dúplice, e, assim, não admite a reconvenção, pois uma parte requer contra a outra como ocorre, por exemplo, em uma ação possessória.

Se ambos requererem ao juízo, a participação da executada se dará sob o título de embargos à execução e do exeqüente ou da Previdência, impugnação aos cálculos.

E se os embargos à execução são uma ação, por óbvio, deverão observar o quanto se diz das condições da ação e dos pressupostos processuais objetivos e subjetivos.

Essa ação incidental, quando intentada pela executada, deverá observar suas condições específicas quanto à possibilidade jurídica do pedido. No particular, ela muito se assemelha com a ação rescisória que, também, é constitutiva ou desconstitutiva, com as hipóteses de cabimento taxativamente previstas no art. 485, do Código de Processo Civil.

Os embargos à execução propostos pela executada se restringirão às hipóteses do § 1º, do *art. 884*, da CLT, quais sejam: cumprimento da sentença ou do acordo, quitação ou prescrição da dívida. Apenas nestas hipóteses haverá julgamento de mérito para o devedor. Se ausentes, a ação será julgada extinta sem apreciação do mérito. Rejeitam-se pura e simplesmente os embargos, apreciando-se, se houver, apenas as impugnações do credor ou da Previdência.

Nesse compasso, havendo pagamento, nas 48 horas, da importância incontroversa, o juiz executor, se houver impugnação aos cálculos, procederá ao seu exame. Não pagando a importância incontroversa, como se disse, rejeita-se, *in limine*, sem apreciação do mérito, os embargos à execução por impossibilidade jurídica do pedido.

## 5. O Agravo de Petição

Paga, em 48 horas, a verba incontroversa, dar-se-á o processamento do agravo de petição, no qual a discussão se restringirá aos montantes resultantes dos cálculos dos interessados. Assim, o agravo de petição servirá a todos que se insurgirem sobre os cálculos, cada qual com o seu recurso. Mas, é bom ressaltar que, não havendo o pagamento do incontroverso, se denegará seguimento ao agravo de petição da executada, por ausência de pressuposto processual objetivo extrínseco, ou seja, o pagamento.

Os demais, o exeqüente e a Previdência, se descontentes com a liquidação, poderão também agravar de petição quanto aos cálculos, como se disse.

Observem a lógica do que se propôs. Se se tratasse de um recurso ordinário, na fase de conhecimento, não se determinaria seu processamento quando não fossem satisfeitas as custas e o depósito recursal. Da mesma maneira, na execução, em obediência ao princípio da integralidade dos textos legais, não se poderá determinar o processamento do agravo de petição quando os embargos à execução já foram extintos sem julgamento do mérito em razão da falta de pagamento da quantia incontroversa, o qual, frise-se, é condição da ação.

O princípio da integralidade dos textos legais impõe coerência e harmonia entre eles dentro do mesmo diploma legal. É, na verdade, a aplicação sistemática e lógica dos textos consolidados, mas dentro da fase executória do processo.

### 6. O Agravo de Instrumento — Art. 897, Alínea *b* da CLT

Naturalmente, o litigante de má-fé não paga, mas pretende levar avante a discussão de aspectos da decisão que liquidou os cálculos. Descontente, assim, com a denegação do processamento do agravo de petição, agravará, por certo, de instrumento. Esse terá que ser processado, mas o *art. 897* da CLT, remete, nesse ínterim, as partes para prosseguimento da execução quanto ao incontroverso e à diferença autorizada pelo juiz executor na liquidação. Destarte, quando for negado provimento ao agravo de instrumento, o que é usual, a execução já estará bastante avançada. Em alguns casos, até com praça realizada, sem que seu auto esteja assinado pelo juiz executor, para que não se possa dá-la por perfeita e acabada. E, com a baixa do agravo de instrumento, o juiz executor atento não determinará, de plano, a atualização dos cálculos, para que assim não se crie a possibilidade de rediscutir a execução antes que o exeqüente receba aquilo que já se encontra acertado judicialmente. Pago o estabelecido, só então determinar-se-á a atualização dos cálculos, se for o caso.

### 7. A Prescrição na Ação de Cumprimento

A prescrição é matéria de mérito e deve ser alegada na fase de conhecimento da ação. Há, contudo, aquela que, como matéria de mérito, na ação incidental, deverá ser alegada como defesa do executado, na forma do § 1º do *art. 884*, da CLT. Uma não se confunde com a outra. É que na ação de cumprimento o sindicato profissional substitui a categoria e, como tal, promove esta ação sem que haja necessidade de se nomear os beneficiários. Vai daí que, na liquidação, ao serem apresentadas as contas, certos substituídos poderão ter parte de seu crédito prescrito. Essa prescrição será alegada na fase de embargos à execução. É a hipótese que descrevi, no item 3, quanto à cesta básica.

## 8. A *Súmula n. 1*, DO C. Tribunal Regional do Trabalho da 2ª Região

'Execução trabalhista definitiva. Cumprimento da decisão. (RA n. 6/02 — DJE 28.6.02)

O cumprimento da decisão se dará com o pagamento do valor incontroverso em 48 horas, restando assim pendente apenas o controvertido saldo remanescente, que deverá ser garantido com a penhora.'

Essa súmula, pela sua relevância, foi alçada à categoria de Provimento, qual seja, *Provimento GP/CR n. 5/05*, de 5 de abril de 2005, cuja ementa enuncia:

'Execução definitiva. Liberação da parte incontroversa ao credor em quarenta e oito horas. Observância da Súmula n. 1 deste Regional, com o espírito dos *arts. 880* e *884*, § 1º, da CLT.'

Como tal, sua aplicação é obrigatória. Mesmo que assim não fosse, o certo é que o princípio da utilidade dos atos jurídicos tem aplicação plena na questão da verba incontroversa e sua liberação. Não é plausível que o legislador pátrio crie a figura em comento sem que haja uma utilidade prática. Se o executado está obrigado a demonstrar a quantia incontroversa, e o faz, por óbvio, não será para que tramitem, a controversa e a incontroversa, da mesma maneira, numa procrastinação que chega às raias da litigância de má-fé.

## 9. Execução Contra a Fazenda Pública com Expedição de Precatório

Cientes do interesse público envolvido nas execuções contra a Fazenda Pública que demandam a expedição de precatórios e diante do disposto no art. 1º-E, da *Lei n. 9.494/97*, a

Presidência e a Corregedoria do Tribunal Regional do Trabalho da 2ª Região baixaram dois provimentos para regulamentar o seu processamento, a par das determinações contidas na *Portaria GP n. 41/04*, que também regulamenta a tramitação de precatórios.

A preocupação basilar da Administração, que motivou a elaboração do *Provimento GP/CR n. 10/05*, foi imprimir celeridade ao trâmite dos processos que demandam a expedição de precatórios e, sobretudo, precisão aos respectivos pagamentos.

Através do citado provimento, foi introduzida, na fase de liquidação, após a primeira manifestação das partes sobre os cálculos periciais, a intervenção da Assessoria Socioeconômica do Regional, com emissão de parecer (art. 2º), antes da homologação pelo Juízo Executor, o qual terá, assim, mais elementos para decidir.

Nos processos, cuja sentença de liquidação foi proferida, sem a aludida providência, na hipótese de interposição de Agravo de Petição, a Assessoria Socioeconômica emitirá parecer antes da sua distribuição para uma das Turmas do Tribunal (art. 3º).

O *Provimento GP/CR n. 20/05*, por sua vez, ao determinar nova intervenção da Assessoria Socioeconômica, para conferência tanto do valor do precatório quanto da metodologia utilizada para sua aferição, antes do seu pagamento ao credor, objetiva imprimir-lhe exatidão, para impedir que um erro de cálculo impercebido durante a sua tramitação possa reverter em proveito indevido ao credor em detrimento do erário e, por via reflexa, de toda a sociedade.

## 10. Conclusão

Podemos afirmar, sem sombra de dúvida, que a Consolidação das Leis do Trabalho foi pioneira e serviu de fonte para outros diplomas legais se abeberarem. O seu vanguardismo não deve inspirar apenas o legislador, mas, sobretudo, o operador do direito, através do qual a entrega da prestação jurisdicional se perfaz.

A natureza do crédito trabalhista clama pela celeridade e, acima de tudo, efetividade. No entanto, ao observarmos a realidade, constatamos que esse clamor não é atendido a contento. Isto porque, como popularmente costuma se dizer 'o reclamante ganha, mas não leva'. Essa expressão espelha, infelizmente, o que ocorre, com freqüência, no processo trabalhista. A obtenção do título judicial, na fase de conhecimento, é apenas uma etapa de uma jornada cheia de percalços, notadamente na fase de execução, justamente na qual se dá a efetiva entrega do seu crédito trabalhista.

Assim, o acompanhamento e direcionamento dessa fase pelo Magistrado, diretor do processo, são fundamentais, para que a execução se ultime de maneira célere.

Vale lembrar, por fim, que o título extrajudicial, atendidas as adaptações necessárias, será executado nas mesmas considerações, consoante se deduz do *art. 877-A, da CLT.*"

# 10. CONSOLIDAÇÃO DOS PROVIMENTOS DA CORREGEDORIA-GERAL DA JUSTIÇA DO TRABALHO, ESPECIALMENTE QUANTO À *EXECUÇÃO* ON-LINE E OUTROS ASPECTOS DA MATÉRIA

Para facilitar ao leitor, transcrevo, na íntegra, a Consolidação dos Provimentos da Corregedoria Geral da Justiça do Trabalho, publicada no DJ de 12.4.06, republicado no DJ de 20.4.06 e com a republicação dos anexos do DJ de 2.5.06:

**CONSOLIDAÇÃO DOS PROVIMENTOS**
Publicado no DJ de 12.4.06
Republicado no DJ de 20.4.06
Republicação dos anexos no DJ de 2.5.06

Índice da Consolidação dos Provimentos da CGJT

Alterações da Consolidação dos Provimentos da CGJT

**TÍTULO I**
**FINALIDADE DA CONSOLIDAÇÃO DOS PROVIMENTOS DA CORREGEDORIA-GERAL DA JUSTIÇA DO TRABALHO**

Art. 1º A Consolidação dos Provimentos da Corregedoria-Geral da Justiça do Trabalho tem por finalidade sistematizar as normas regulamentares expedidas para disciplinar os procedimentos a serem observados no âmbito da Justiça do Trabalho.

**TÍTULO II**
**AUTUAÇÃO DOS PROCESSOS JUDICIÁRIOS NA JUSTIÇA DO TRABALHO**

Art. 2º Os registros de autuação dos processos judiciários na Justiça do Trabalho obedecerão o modelo de uniformização, que compreende os dados cadastrais gerais do processo, das partes, dos advogados e procuradores e os dados cadastrais complementares, que deverão possuir, no mínimo, os seguintes campos:

I — **Cadastro Geral do Processo:** número do processo, classe do processo, data de autuação do processo, TRT de origem, Vara do Trabalho ou Comarca de origem, quantidade de volumes, quantidade de apensos, quantidade de volumes de documentos, data do ajuizamento da ação, data de remessa do processo, número do processo de referência e particularidades do processo (segredo de justiça, menor, falência, procedimento sumaríssimo, idoso, *Resolução Administrativa TST n. 874/02*), campo de livre preenchimento (observação);

II — **Cadastro de Partes, Advogados e Procuradores:**

a) Cadastro de Partes: nome, RG, órgão expedidor, CNPJ, CPF, CEI (número de matrícula do empregador pessoa física perante o INSS), NIT (número de inscrição do trabalhador perante o INSS), PIS/PASEP, CTPS, data de nascimento e nome da mãe do trabalhador, pessoa física/pessoa jurídica, empregado/empregador, ente público (União/Estado/Município), código do ramo de atividade econômica e situação das partes no processo (ativa/não ativa);

b) Cadastro de Advogados: nome, número de registro na OAB, letra, Unidade da Federação, situação do advogado no processo (ativo/não ativo), registro suspenso, data de início da suspensão, data do término da suspensão, registro cassado e campo de preenchimento livre (observação);

c) Cadastro de Procurador: nome, situação do procurador no processo (ativo/não ativo) e campo de preenchimento livre (observação);

III — **Cadastro Complementar:** O Cadastro Complementar relaciona-se com o Cadastro de Partes, Advogados e Procuradores, compondo-se dos campos: endereço, bairro, cidade, Unidade da Federação, CEP, telefone, fac-símile, correio eletrônico, logradouro e complemento.

**Art. 3º** No cadastramento do processo são campos de preenchimento obrigatório:

I — número do processo (os registros deverão ser feitos com base nos Atos TST.GDGCJ.GP ns. *450/01 e 175/02*);

II — TRT de origem;

III — Vara do Trabalho de origem ou Comarca;

IV — quantidade de volumes do processo;

V — quantidade de apensos ao processo;

VI — quantidade de volumes de documentos do processo;
VII — classe do processo;
VIII — data de ajuizamento da ação;
IX — data de remessa do processo;
X — nome das partes;
XI — natureza da pessoa (pessoa física/pessoa jurídica);
XII — empregado/empregador;
XIII — nome do advogado;
XIV — número de registro na OAB e indicação da Unidade da Federação;
XV — nome do procurador;
XVI — endereço das partes, advogados e procuradores (bairro, cidade, Unidade da Federação, CEP, logradouro e complemento).

**Art. 4º** Os campos abaixo relacionados são também de preenchimento obrigatório, exceto se a informação não constar no processo:

I — número do processo de referência;
II — classe do processo em todas as suas fases;
III — peculiaridades do processo (segredo de justiça, menor, falência, idoso, procedimento sumaríssimo, *Resolução Administrativa TST n. 874/02*);
IV — letra que acompanha o número da OAB;
V — registro da suspensão do advogado;
VI — data de início e de término da suspensão;
VII — registro da cassação da inscrição do advogado;
VIII — CNPJ;
IX — CPF;
X — RG;
XI — Órgão expedidor;
XII — CEI (Cadastro Específico do INSS);
XIII — NIT (Número de Inscrição do Trabalhador no INSS);
XIV — PIS/ PASEP;
XV — CTPS;
XVI — data de nascimento do trabalhador;
XVII — nome da mãe do trabalhador.

**Parágrafo único.** Os juízes do trabalho devem exigir identificação precisa das partes, compreendendo: para o autor pessoa física, o número da CTPS, do RG, do CPF e do PIS/PASEP ou do NIT (Número de Inscrição do Trabalhador); e, para a pessoa jurídica de direito privado, o número do CNPJ e do CEI (Cadastro Específico do INSS), bem como cópia do contrato social ou da última alteração feita no contrato original, constando o número do CPF do(s) proprietário(s) e do(s) sócio(s) da empresa demandada.

**Art. 5º** O Tribunal Superior do Trabalho, os Tribunais Regionais do Trabalho e as Varas do Trabalho manterão em suas bases de dados o histórico relativo aos registros das partes, dos advogados e dos procuradores, além dos dados complementares, sendo obrigatório o envio dessas informações à instância de destino do processo.

**Parágrafo único.** A transferência de dados entre as Varas do Trabalho, os Tribunais Regionais do Trabalho e o Tribunal Superior do Trabalho ocorrerá em meio digital, obedecendo aos critérios contidos no Anexo I desta Consolidação.

**Art. 6º** Devem ser observados, ainda, os seguintes procedimentos:

I — o nome das partes, dos advogados e dos procuradores deverá ser grafado em caracteres maiúsculos e minúsculos, acentuando-se quando necessário;

II — as abreviaturas de palavras não serão admitidas, salvo se for impossível identificar sua escrita completa ou se fizerem parte do nome fantasia ou da razão social do empregador;

III — as palavras "sociedade anônima", "limitada" e "sociedade civil" deverão ser assim grafadas: S.A., Ltda. e S/C;

IV — as siglas que não fizerem parte da razão social serão grafadas após o nome da empresa, em letras maiúsculas e precedidas de hífen;

V — os registros complementares ao nome da parte deverão ser grafados da seguinte forma: José da Silva (Espólio de), União (Extinto INAMPS), Banco do Estado do Rio de Janeiro S.A. — BANERJ (em Liquidação Extrajudicial), José da Silva e Outro etc.;

VI — o nome da autoridade, no registro de autuação, deverá ser grafado sem a utilização de pronome de tratamento;

VII — é vedada a grafia em negrito;

VIII — os códigos de atividades econômicas constam do Anexo II desta Consolidação;

IX — o tamanho dos campos e demais detalhes relacionados à informática constam do Anexo III desta Consolidação.

## TÍTULO III
## CLASSES PROCESSUAIS

**Art. 7º** No âmbito da Justiça do Trabalho, a identificação das classes processuais deverá ser padronizada, conforme especificado no Anexo IV. (*Artigo alterado pelo Provimento n. 3/06 — DOU 8.11.06*)

§ 1º Na ausência de classe processual específica na tabela constante do Anexo IV, a ação deverá ser classificada pelo gênero, se possível.

§ 2º O processo será classificado como "ação diversa — ADIV", e permanecerá como tal, quando o Juiz da causa ou o Relator do processo no Tribunal concluir que não existe, na tabela constante do Anexo IV, classe processual que permita o enquadramento da ação.

§ 3º Na hipótese do § 2º, o magistrado determinará a remessa, no prazo de 30 (trinta) dias, de cópia da petição inicial ao Juiz Corregedor do respectivo Tribunal, que, considerando a reiteração da ocorrência, analisará a conveniência de seu encaminhamento à Corregedoria-Geral da Justiça do Trabalho, para exame da necessidade de inclusão de classe processual específica na tabela constante do Anexo IV.

**Art. 8º** Compete exclusivamente à Corregedoria-Geral da Justiça do Trabalho a criação ou modificação das classes processuais previstas no Anexo IV desta Consolidação.

**Art. 9º** Cada Tribunal Regional do Trabalho ficará responsável pela especificação nos registros de autuação, no que diz respeito ao campo classe processual, da identificação da ação originária sobre a qual foi interposto recurso.

**Art. 10.** Fica mantido o prazo de 180 (cento e oitenta) dias, estabelecido anteriormente pelo Corregedor-Geral, para atualização dos sistemas informatizados dos Tribunais Regionais do Trabalho, para fins de observância das disposições contidas nesta Consolidação.

## TÍTULO IV
## NUMERAÇÃO ÚNICA

**Art. 11.** Aplica-se a numeração única aos processos na Justiça do Trabalho, na forma dos Atos TST.GDGCJ ns. *450/01* e *175/02*, sendo vedados o registro e a publicidade de número diverso, sob pena de responsabilidade.

## TÍTULO V
## IDENTIFICAÇÃO DAS PARTES

**Art. 12.** Os juízes do trabalho devem exigir identificação precisa das partes no processo, para possibilitar o cumprimento das obrigações para com a Receita Federal e o INSS, o levantamento de depósitos de FGTS, a penhora *on-line* e o preenchimento dos campos destacados no modelo único da guia de depósito judicial trabalhista.

**Art. 13.** Na hipótese de a petição inicial ser omissa, deve o juiz, na audiência, exigir do autor pessoa física o número da CTPS, da Carteira de Identidade, do CPF e do PIS/PASEP ou do NIT (Número de Inscrição do Trabalhador).

**Art. 14.** O juiz deve exigir da pessoa jurídica de direito privado, que comparece em juízo na qualidade de ré ou de autora, o número do CNPJ e do CEI (Cadastro Específico do INSS), bem como cópia do contrato social ou da última alteração feita no contrato original, constando o número do CPF do(s) proprietário(s) e do(s) sócio(s) da empresa demandada.

**Art. 15.** Na falta dos dados citados nos arts. 9º e 10, o juiz deve garantir à parte prazo para apresentar os referidos documentos, sem prejuízo da continuidade da audiência.

**Art. 16.** Na hipótese de identificação perante o Instituto Nacional de Seguridade Social — INSS, não sendo possível obter das partes o número do PIS/PASEP ou do NIT, no caso do trabalhador, e o número da matrícula no Cadastro Específico do INSS — CEI, relativamente ao empregador pessoa física, deverão ser solicitados pelo juízo, como fontes subsidiárias de identificação, o número do Cadastro de Pessoa Física — CPF, o número da CTPS, a data de nascimento e o nome da genitora.

## TÍTULO VI
## SINDICATO — AUTUAÇÃO E IDENTIFICAÇÃO

**Art. 17.** A autuação das ações apresentadas por sindicato, na qualidade de substituto processual, deve ser feita em nome deste.

**Parágrafo único.** Todos os substituídos deverão ser individualizados e devidamente identificados na petição inicial.

**Art. 18.** Atuando o sindicato na defesa de direito próprio, deverá ser exigida a relação dos associados de cujos contratos decorre o direito, bem como sua identificação.

## TÍTULO VII
## TRAMITAÇÃO PREFERENCIAL E RITO SUMARÍSSIMO

**Art. 19.** Na Justiça do Trabalho, os processos de tramitação preferencial e/ou de rito sumaríssimo devem ostentar, nas capas, em letras destacadas, as seguintes inscrições, utilizadas como padrão obrigatório de registro:

I — **Tramitação Preferencial** —*Lei n. 10.741/03* (Estatuto do Idoso);
II — **Tramitação Preferencial** — *Art. 768* da CLT (Falência);
III — **Tramitação Preferencial** — Rito Sumaríssimo.

**Art. 20.** Os serviços de autuação dos Tribunais Regionais do Trabalho devem:

I — velar pela preservação dos registros feitos nas Varas do Trabalho, conservando-os na nova capa do processo;

II — observar o mesmo padrão, nos recursos processados em autos apartados, quando sua característica assim o exigir.

## TÍTULO VIII
## NUMERAÇÃO DAS FOLHAS DOS AUTOS

**Art. 21.** A numeração das folhas do processo deverá ocorrer em seqüência e seguida da assinatura do servidor encarregado do serviço, sendo vedado repetir-se o número da folha anterior acrescido de letra do alfabeto.

**Parágrafo único.** Poderá ser utilizado carimbo próprio que comporte o número da folha e a rubrica do servidor que tiver executado o serviço.

## TÍTULO IX
## PROCESSOS — DISTRIBUIÇÃO PARA
## VARAS DO TRABALHO RECÉM-CRIADAS

**Art. 22.** Os Presidentes dos Tribunais Regionais do Trabalho devem orientar as Secretarias das Varas do Trabalho da respectiva região no seguinte sentido:

I — os processos remetidos para Varas do Trabalho recém-criadas, originários de outras Varas, serão reautuados e receberão novo número no órgão destinatário;

II — a nova numeração seguirá o padrão definido nos Atos TST.GDGCJ ns. *450/01* e *175/02*, sendo que, quanto ao ano, considerar-se-á o de reautuação do feito;

III — a Secretaria certificará nos autos que o processo foi reautuado e recebeu novo número, cientificando-se as partes.

## TÍTULO X
## JUNTADA DE PETIÇÕES E DOCUMENTOS

**Art. 23.** Os documentos de tamanho irregular deverão ser previamente afixados em papel ofício, de modo que todas as folhas do processo tenham dimensão única.

## TÍTULO XI
## ABERTURA DE NOVOS VOLUMES

**Art. 24.** Proceder-se-á à abertura de novo volume dos autos sempre que um volume atingir cerca de 200 (duzentas) páginas, aí computadas as folhas de documentos inseridos no seu bojo.

## TÍTULO XII
## INTIMAÇÃO E CITAÇÃO

**Art. 25.** As citações e intimações (notificações) na Justiça do Trabalho devem ser preferencialmente feitas por via postal, com "aviso de recebimento" — AR.

## TÍTULO XIII
## AUDIÊNCIA

**Art. 26.** O Corregedor Regional deve recomendar aos juízes do trabalho que registrem na ata ou no termo:

I — o motivo determinante do adiamento da audiência na Vara do Trabalho, de modo a possibilitar eventual exame pelo órgão competente;

II — a outorga, em audiência, de poderes de representação pela parte ao advogado que a está acompanhando.

**Art. 27.** As Secretarias dos Tribunais Regionais do Trabalho e das Varas do Trabalho fornecerão às partes certidões da procuração *apud acta*, quando solicitadas.

## TÍTULO XIV
## DO DEVER DO JUIZ DE COMUNICAR À OAB
## INCOMPATIBILIDADE OU IMPEDIMENTO DE ADVOGADO

**Art. 28.** O juiz deve representar à Ordem dos Advogados do Brasil — OAB, sempre que tiver conhecimento, a respeito da existência de incompatibilidade ou impedimento de advogado que esteja atuando em juízo.

**Parágrafo único.** Em qualquer hipótese, a representação do magistrado deve limitar-se a transmitir ao órgão competente os fatos objetivamente descritos, assim como os demais elementos de convicção de que disponha, sem formular qualquer juízo prévio, preferentemente sob a fórmula de consulta.

## TÍTULO XV
## PERÍCIA — CAUTELAS NO DEFERIMENTO E REALIZAÇÃO

**Art. 29.** As perícias só podem ser deferidas nos termos estritos do *art. 420*, parágrafo único, incisos I a III, do Código de Processo Civil, aplicável, subsidiariamente, ao procedimento trabalhista (CLT, *art. 769*).

**Art. 30.** Os prazos deferidos aos peritos devem ser limitados ao tempo indispensável à realização da perícia. Eventual pedido de prorrogação do prazo anteriormente concedido deve ser apreciado com rigor e cautela.

**Art. 31.** A exclusivo juízo dos Presidentes dos Tribunais Regionais do Trabalho e juízes de primeira instância, a perícia poderá ser realizada por servidores, devidamente habilitados, dos quadros do próprio Tribunal, dentro de seu horário de serviço e, portanto, sem direito a honorários profissionais.

**Art. 32.** Essas medidas não devem limitar, direta ou indiretamente, a defesa das partes e ficam confiadas ao alto critério dos juízes que comandam a instrução do processo, no uso do amplo poder diretivo que a lei processual trabalhista lhes confere.

## TÍTULO XVI
## FGTS — LEVANTAMENTO ILEGAL

**Art. 33.** Os Corregedores Regionais devem recomendar aos juízes do trabalho que atentem para os casos de simulação ou colusão em que se objetiva o levantamento do FGTS em fraude à lei, proferindo sentença que obste tal objetivo, desde que convencidos disso pelas circunstâncias da causa, na forma do *art. 129* do Código de Processo Civil.

## TÍTULO XVII
## ANOTAÇÃO NA CARTEIRA DE TRABALHO E PREVIDÊNCIA SOCIAL — REMESSA AO INSS DAS INFORMAÇÕES

**Art. 34.** Quando for verificada a falta de anotação de que trata o *art. 29* da CLT ou mesmo quando se tratar de retificação, bem assim diferenças salariais, promoções e outras correlatas sobre as quais incida o desconto previdenciário, deverá o juiz, na sentença ou na homologação de acordo, determinar:

I — que se proceda a essas anotações, conforme for apurado, na Carteira Profissional do empregado e no Livro ou Ficha de Registro de Empregados da empresa;

II — que a Secretaria remeta ao órgão local do Instituto Nacional de Seguridade Social — INSS, no prazo de 48 (quarenta e oito) horas, cópia das informações, conforme formulário modelo contido no Anexo V desta Consolidação.

**Parágrafo único.** Os Presidentes dos Tribunais Regionais do Trabalho ficam responsáveis pela confecção dos formulários para serem distribuídos às Varas do Trabalho.

**Art. 35.** No caso de sentença, a providência estabelecida no inciso II do art. 34 somente deverá ser tomada depois do seu trânsito em julgado.

## TÍTULO XVIII
## CUSTAS E EMOLUMENTOS

**Art. 36.** Nos dissídios individuais e nos dissídios coletivos do trabalho, a decisão deve sempre conter a indicação, em valores certos, do total das custas a serem pagas pela parte vencida, além do valor arbitrado à condenação.

§ 1º Mesmo havendo isenção de custas, o seu valor deve ser indicado, na decisão trabalhista, para fins estatísticos.

§ 2º Nas lides decorrentes da relação de emprego deve-se evitar a condenação ao pagamento proporcional das custas processuais.

§ 3º Na hipótese de acordo, o pagamento das custas caberá em partes iguais aos litigantes, se de outra forma não for convencionado.

**Art. 37.** Nos dissídios coletivos, as partes vencidas responderão solidariamente pelo pagamento das custas.

§ 1º Nos dissídios de natureza econômica, a instituição de qualquer norma ou condição de trabalho faz sucumbente a categoria econômica pelo valor integral das custas processuais.

§ 2º O pagamento do valor integral das custas deve ser feito no prazo legal, sem prejuízo do direito à ação regressiva.

**Art. 38.** As Secretarias das Varas do Trabalho e dos Tribunais Regionais do Trabalho manterão arquivo das guias de recolhimento destinadas ao órgão da Justiça do Trabalho, em ordem numérica e crescente, renovando-o anualmente.

**Parágrafo único.** Os dados estatísticos sobre arrecadação de custas e emolumentos, que as Secretarias estão obrigadas a fornecer, serão elaborados com base nas guias arquivadas nesses órgãos.

**Art. 39.** O pagamento das custas realizado mediante transferência eletrônica de fundos, com recibo de comprovação nos autos, deve conter a identificação do processo a que se refere, no campo próprio.

## TÍTULO XIX
## TERMOS E CERTIDÕES NOS AUTOS
### Capítulo I
### Do Procedimento

**Art. 40.** As assinaturas e rubricas apostas em quaisquer decisões, termos, despachos, atos e documentos judiciais, firmados à tinta, deverão ser seguidas da repetição completa do nome dos signatários e da indicação das respectivas funções, tipograficamente, em carimbos ou manuscritos com letra de imprensa.

**Art. 41.** Deverá sempre constar a data (dia, mês e ano) nos termos e certidões dos processos que tramitam pelas Secretarias dos Tribunais Regionais do Trabalho e das Varas do Trabalho, inclusive com a observação, se for o caso, de se tratar de feriado ou dia em que não tenha havido expediente forense.

### Capítulo II
### Certidão de Julgamento

**Art. 42.** Da Certidão de Julgamento devem constar os nomes dos juízes que participaram da respectiva sessão, com a consignação dos que ficaram vencidos e, também, a situação do juiz, se convocado, além do dispositivo da *Lei Orgânica da Magistratura Nacional* que autorizou a convocação.

### TÍTULO XX
### MINISTÉRIO PÚBLICO

**Art. 43.** Os Tribunais Regionais do Trabalho, e seus Juízos de 1º grau, devem executar as intimações e notificações ao Ministério Público do Trabalho, mediante a remessa dos autos às respectivas sedes das Procuradorias Regionais do Trabalho.

**Art. 44.** A remessa de processos, para parecer do Ministério Público do Trabalho, deverá ocorrer somente nas seguintes hipóteses:

I — obrigatoriamente, quando for parte pessoa jurídica de direito público, estado estrangeiro ou organismo internacional;

II — facultativamente, por iniciativa do relator, quando a matéria, por sua relevância, recomendar a prévia manifestação do Ministério Público;

III — por iniciativa do Ministério Público, quando entender existente interesse público que justifique a sua intervenção;

IV — por determinação legal.

**Art. 45.** Os juízes dos Tribunais Regionais do Trabalho devem aceitar a permanência do representante do Ministério Público nas sessões, ainda que estas tenham se transformado em Conselho, considerando o que dispõem os arts. *746* e *747* da CLT.

## TÍTULO XXI
## ACÓRDÃOS

**Art. 46.** Na lavratura dos acórdãos, o relator deve apresentar a fundamentação e a conclusão a que chegou o Tribunal por sua maioria, juntando voto vencido, se assim o entender, abstendo-se de, no corpo do acórdão, sustentar ponto de vista que colida com o decidido.

## TÍTULO XXII
## REMESSA NECESSÁRIA

**Art. 47.** Os órgãos julgadores dos Tribunais Regionais do Trabalho devem fazer constar, expressamente do acórdão, a remessa necessária, quando for o caso.

## TÍTULO XXIII
## RECURSO DE REVISTA

**Art. 48.** As fotocópias de acórdãos expedidos pelos serviços competentes dos Tribunais Regionais do Trabalho e do Tribunal Superior do Trabalho, juntadas ao recurso, deverão conter a indispensável autenticação.

§ 1º Estando autenticada a cópia, a fotocópia que se tirar desta peça também deverá estar autenticada.

§ 2º As cópias reprográficas, xerográficas e similares de peças processuais poderão ser autenticadas por chancela mecânica, indicativa do órgão emitente, servidor responsável, cargo e data, sendo desnecessária a existência de rubrica nas referidas peças processuais.

§ 3º O instrumento utilizado para aposição da chancela mecânica terá sua caracterização registrada em livro próprio das Secretarias das Varas do Trabalho e das Secretarias dos Órgãos Colegiados dos Tribunais Regionais do Trabalho e do Tribunal Superior do Trabalho, ficando sob a guarda e responsabilidade do respectivo Diretor.

§ 4º Competirá ao Diretor da Secretaria designar o servidor responsável pela chancela mecânica nas cópias reprográficas, xerográficas e similares de peças processuais.

**Art. 49.** Para efeito de intimação dos despachos de admissibilidade dos recursos de revista, basta sua publicação no órgão oficial das sedes dos Tribunais Regionais do Trabalho.

**Art. 50.** O despacho de admissibilidade do recurso de revista deve ser elaborado de acordo com os critérios de padronização sistematizados no programa "Edição Dirigida de Despachos — Revista", disponibilizado em CD-Rom pelo Tribunal Superior do Trabalho.

# TÍTULO XXIV
# EXECUÇÃO

## Capítulo I
## Cessão de Crédito

**Art. 51.** A cessão de crédito prevista em lei (*Código Civil de 2002*, art. 286) não pode ser operacionalizada no âmbito da Justiça do Trabalho, visto que se trata de um negócio jurídico entre empregado e terceiro que não se coloca em quaisquer dos pólos da relação processual trabalhista.

## Capítulo II
## Procedimentos Quando da Aplicação da Teoria da Desconsideração da Personalidade Jurídica do Executado

**Art. 52.** Os Corregedores dos Tribunais Regionais do Trabalho devem determinar aos juízes da execução que, ao entenderem pela aplicação da teoria da desconsideração da personalidade jurídica, chamando os sócios a responder pela execução trabalhista, adotem as seguintes medidas:

I — determinar a reautuação para que conste o nome das pessoas físicas que passaram a responder pelo débito trabalhista;

II — comunicar imediatamente ao setor competente pela expedição de certidões na Justiça do Trabalho, para a devida inscrição dos sócios no cadastro das pessoas com reclamações ou execuções trabalhistas;

III — determinar ao setor competente que se abstenha de fornecer às referidas pessoas físicas certidão negativa na Justiça do Trabalho;

IV — determinar ao setor competente que, uma vez comprovada a inexistência de responsabilidade desses sócios, seja imediatamente cancelada a inscrição.

## Capítulo III
## Bacen Jud

**Art. 53.** Tratando-se de execução definitiva, se o executado não proceder ao pagamento da quantia devida nem garantir a execução, conforme dispõe o *art. 880* da CLT, o juiz poderá, de ofício ou a requerimento da parte, emitir ordem judicial de bloqueio via Sistema Bacen Jud, com precedência sobre outras modalidades de constrição judicial.

**Art. 54.** O acesso dos magistrados ao Sistema Bacen Jud é feito por meio de senhas pessoais e intransferíveis, após o cadastramento efetuado pelos *Masters* do respectivo TRT.

**Art. 55.** O Presidente do Tribunal Regional do Trabalho indicará, no mínimo, dois *Masters* ao Banco Central, comunicando a indicação à Corregedoria-Geral da Justiça do Trabalho.

**Parágrafo único.** O Presidente do TRT deverá comunicar imediatamente ao Banco Central e à Corregedoria-Geral da Justiça do Trabalho eventual descredenciamento de *Master*, bem como de qualquer usuário, do Sistema Bacen Jud.

**Art. 56.** Os *Masters* do sistema devem manter os dados dos juízes, cadastrados ou não, atualizados de acordo com formulário disponibilizado na *extranet* do TST.

**Parágrafo único.** Os dados atualizados dos juízes são: nome e CPF, TRT e Vara do Trabalho a que estejam vinculados, e se estão cadastrados ou não no Sistema Bacen Jud.

**Art. 57.** Os magistrados deverão acessar diariamente o Sistema Bacen Jud, a fim de certificarem o efetivo e tempestivo cumprimento, pelas instituições financeiras, das ordens judiciais por eles emitidas.

**Art. 58.** Qualquer pessoa física ou jurídica poderá solicitar ao Tribunal Superior do Trabalho o cadastramento de conta única apta a acolher bloqueios *on-line*, realizados por meio do Sistema Bacen Jud.

§ 1º A solicitação a que se refere o *caput* deste artigo deverá ser encaminhada por petição dirigida ao Corregedor-Geral da Justiça do Trabalho e instruída com cópias dos comprovantes do CNPJ ou CPF e da titularidade da conta indicada (banco, agência, conta corrente, nome e CNPJ/CPF do titular);

§ 2º As informações sobre o cadastramento de contas, de que trata o *caput* deste artigo, poderão ser obtidas, eletronicamente, no endereço www.tst.gov.br, opção Bacen Jud.

**Art. 59.** A pessoa física ou jurídica que optar pela indicação de conta única apta a acolher bloqueios *on-line* obriga-se a mantê-la com recursos suficientes, sob pena de o bloqueio recair em outras contas e de o cadastramento ser cancelado pelo TST.

§ 1º O executado que teve sua conta descadastrada na forma do *caput* deste artigo poderá, após o período de 6 (seis) meses, contados da data da publicação no Diário da Justiça, da decisão que a descadastrou, postular o recadastramento, indicando a mesma ou outra conta, conforme a sua conveniência.

§ 2º A reincidência no não-atendimento das exigências de manutenção de recursos suficientes ao acolhimento dos bloqueios *on-line* importará em novo descadastramento pelo prazo de 1 (um) ano, podendo, após esse período, o executado postular novamente seu recadastramento, nos termos do parágrafo anterior.

§ 3º Após a faculdade de recadastramento descrita no parágrafo anterior, posterior descadastramento terá caráter definitivo.

**Art. 60.** Os pedidos de recadastramento de conta a que se referem o artigo anterior e seus parágrafos deverão ser dirigidos ao Corregedor-Geral da Justiça do Trabalho e instruídos com toda a documentação enumerada no parágrafo único do art. 58 desta Consolidação.

**Art. 61.** Os juízes devem abster-se de requisitar às agências bancárias, por ofício, bloqueios fora dos limites de sua jurisdição, podendo fazê-lo apenas mediante o Sistema Bacen Jud.

**Art. 62.** De posse das respostas das instituições financeiras, o magistrado emitirá ordem judicial de transferência do valor da condenação para conta judicial, em estabelecimento oficial de crédito, conforme dispõem os arts. 666, I, do CPC e 9º, inciso I, c/c o art. 11, § 2º, da *Lei n. 6.830/80*.

§ 1º Na mesma ordem de transferência, o juiz deverá informar se mantém ou desbloqueia o saldo remanescente, se houver.

§ 2º O prazo para oposição de embargos começará a contar da data da notificação, pelo juízo, ao executado, do bloqueio efetuado em sua conta.

**Art. 63.** Constatado que as agências bancárias praticam o delito de fraude à execução, os juízes devem comunicar a ocorrência ao Ministério Público Federal, bem como à Corregedoria Regional e à Corregedoria-Geral da Justiça do Trabalho, e relatar as providências tomadas.

**Art. 64.** É obrigatória a fiel observância das normas estabelecidas no regulamento que integra o convênio firmado entre o Banco Central do Brasil e os Tribunais do Trabalho.

### TÍTULO XXV
### GUIAS DE ACOLHIMENTO E LEVANTAMENTO DE DEPÓSITO JUDICIAL TRABALHISTA

**Art. 65.** O modelo de guia de depósito judicial trabalhista estabelecido na *Instrução Normativa n. 21* do Tribunal Superior do Trabalho é de uso obrigatório e contém 6 (seis) vias, sendo as 4 (quatro) primeiras destinadas ao acolhimento do depósito e as 2 (duas) últimas ao levantamento do depósito (alvará).

**Art. 66.** As vias relativas ao "Acolhimento do Depósito" deverão ser preenchidas, conforme orientação abaixo:

I — **Mensagem do Banco** — Este campo é de uso exclusivo do banco depositário e será utilizado com mensagens do tipo: acesse http//www.bb.com.br ou http://www.caixa.gov.br/;

II — **Tipo de Depósito** — O objetivo está em se gerar um número de conta corrente para cada processo trabalhista. Dessa forma, uma vez utilizado o número 1. Primeiro, o banco depositário gerará um número de conta judicial para acatar o depósito. Se utilizado o número 2. Em continuação, significa a existência de conta judicial para o processo, cujo número é de conhecimento e deverá ser preenchido pelo depositante, no campo próprio (nº da conta judicial);

III — **Nº da Conta Judicial** — Quando se tratar de primeiro depósito relativo ao processo, o sistema do banco gerará este número; quando se tratar de depósito em continuação, o número da conta judicial deverá ser preenchido pelo depositante;

IV — **Agência (Prefixo/DV)** — Os depósitos poderão ser realizados em qualquer agência do banco depositário (Banco do Brasil ou Caixa Econômica Federal). Na hipótese de depósito (primeiro ou em continuação) efetivado pela *internet*, o depositante seleciona a agência do banco depositário que atende à Vara do Trabalho onde tramita o processo. Se o depositante optar por dirigir-se diretamente a uma das agências do banco depositário, deverá informar, neste campo, a agência de relacionamento com a Vara do Trabalho onde tramita o processo. Efetuado o depósito, o banco depositário fica obrigado a enviar imediatamente à Vara do Trabalho o aviso do crédito respectivo;

V — **Processo Número** — Para processos ajuizados até dezembro de 2001, o depositante deverá informar o número do processo com oito dígitos (quatro relativos ao número do processo e quatro ao ano de ajuizamento); para processos ajuizados a partir de janeiro de 2002, o depositante deverá informar o número do processo com dezessete dígitos;

VI — **TRT/Região** — Neste campo, deverá ser informada a Região à qual pertence o Tribunal do Trabalho que abrange a Vara do Trabalho onde tramita o processo;

VII — **Órgão/Vara** — Neste campo, deverá ser informada a Vara do Trabalho onde tramita o processo;

VIII — **Município** — O depositante deverá informar o Município sede da Vara do Trabalho onde tramita o processo judicial;

IX — **Nº do ID Depósito** — Este campo é de preenchimento automático, na hipótese de o depositante ter realizado o pré-cadastramento do depósito, pela *internet*. No caso dos Tribunais Regionais do Trabalho que gerenciam número do ID, por meio de convênios realizados com o banco depositário, o depositante já detém este número e deverá registrá-lo neste campo;

**X — Réu/Reclamado** — Informe o nome/razão social do réu/reclamado do processo judicial;

**XI — CPF/CNPJ — Réu/Reclamado** — Este campo não é de preenchimento obrigatório. Todavia, se disponível, informe o número completo, inclusive dígito verificador, do CPF/CNPJ do réu/reclamado;

**XII — Autor/Reclamante** — Informe o nome do autor/reclamante do processo judicial;

**XIII — CPF/CNPJ — Autor/Reclamante** — Este campo não é de preenchimento obrigatório. Todavia, se disponível, informe o número completo, inclusive dígito verificador, do CPF/CNPJ do autor/reclamante;

**XIV — Depositante** — Este campo deverá registrar o nome/razão social daquele que está realizando o depósito: empresa-ré, pessoa física do sócio; inquilino; arrematante etc.;

**XV — CPF/CNPJ — Depositante** — Este campo não é de preenchimento obrigatório. Todavia, se disponível, informe o número completo, inclusive dígito verificador, do CPF/CNPJ do depositante;

**XVI — Origem do Depósito** — Quando se tratar de bloqueio com transferência de numerário de outro banco para o banco depositário, por determinação judicial, por meio de TED, deverá ser informado o número do banco, da agência e da conta do cliente da instituição que está transferindo o numerário para o banco depositário. Nesta hipótese, deverá constar como depositante o titular da conta cujo numerário foi subtraído para transferência ao banco depositário;

**XVII — Motivo do Depósito** — Neste campo, poderá ser utilizada uma das quatro opções oferecidas: se assinalado o número 1, significa que o depósito objetiva a garantia da execução, ou seja, há pretensão do depositante de prosseguir na discussão quanto ao valor do débito; se assinalado o número 2, significa que o depositante pretende a quitação (pagamento) do débito, o que autoriza a liberação imediata ao credor ou credores, pelo juízo; se assinalado o número 3, significa que se trata de depósito para consignação em pagamento; se assinalado o número 4, significa que se trata de depósito outro que não tem nenhuma relação com os números anteriores;

**XVIII — Depósito em** — Este campo será preenchido pelo banco recebedor, registrando 1 se o depósito for efetuado em moeda corrente e 2 para depósitos em cheques;

**XIX — Valor Total do Depósito (Soma 1 ao 14)** — O importe correspondente à soma dos valores dos campos de 1 a 14 deverá ser informado neste campo;

**XX — Data de Atualização** — Neste campo, deverá ser registrada a data de atualização do débito total, a qual poderá ser diversa da data da emissão da guia. As Secretarias das Varas do Trabalho deverão, sempre, proceder à atualização do débito até, no mínimo, a data da emissão da guia, ficando autorizada a atualização para data posterior à da emissão do documento;

**XXI — (1) Valor Principal** — Neste campo, deverá ser registrado o valor devido, acrescido de correção monetária, sem juros e já deduzidos os valores relativos ao Imposto de Renda e à Previdência Social, de responsabilidade do empregado;

**XXII — (2) FGTS/Conta Vinculada** — Este campo deverá ser preenchido quando o autor/reclamante não tiver autorização para levantamento de tal importe, devendo o valor respectivo estar disponível para transferência à sua conta vinculada (hipóteses: pedido de demissão; justa causa do empregado; reclamante continua trabalhando na empresa-reclamada);

**XXIII — (3) Juros** — Neste campo, deverá ser informado o valor dos juros incidentes sobre o valor principal (campo 1);

**XXIV — (4) Leiloeiro** — Campo a ser preenchido com o valor correspondente à remuneração a ser paga ao terceiro com autorização judicial para realizar praça ou leilão;

**XXV — (5) Editais** — Este campo deverá ser preenchido quando da publicação de editais no Diário Oficial ou jornais de grande circulação, pelo Judiciário. Se publicado mais de um edital, o campo deverá contemplar a soma de todos os valores respectivos;

**XXVI — (6) INSS Reclamante** — Campo destinado ao valor do INSS cota-parte empregado. Preenchimento não obrigatório, uma vez que o depósito deverá ser realizado por meio de guia própria, com comprovação nos autos;

**XXVII — (7) INSS Reclamado** — Campo destinado ao valor do INSS cota-parte empregador, SAT e terceiros. Preenchimento não obrigatório, uma vez que o depósito deverá ser realizado por meio de guia própria, com comprovação nos autos;

**XXVIII — (8) Custas** — O campo deverá ser preenchido considerando as custas da fase de conhecimento e de execução. Preenchimento não obrigatório, já que o depósito deverá ser realizado por meio de guia própria, com comprovação nos autos;

**XXIX — (9) Emolumentos** — Preencher os valores das despesas processuais com autenticações, fotocópias e certidões, de lavra de Órgãos ou Varas do Trabalho. Campo de preenchimento não obrigatório, tendo em vista que o depósito deverá ser realizado por meio de guia própria, com comprovação nos autos;

**XXX — (10) Imposto de Renda** — Este campo deverá registrar o valor devido a título de imposto de renda pelo autor/reclamante. Preenchimento não obrigatório, já que o depósito deverá ser realizado por meio de guia própria, com comprovação nos autos;

**XXXI — (11) Multas** — Campo a ser preenchido quando houver valores de multa devida pela parte do processo;

**XXXII — (12) Honorários Advocatícios** — Este campo deverá ser preenchido quando houver condenação ao pagamento de honorários em favor de advogado ou sindicato assistente;

**XXXIII — (13) Honorários Periciais** — Os campos de "a" a "f" deverão ser preenchidos, observada a qualificação técnica e o trabalho apresentado por perito nomeado no processo;

**XXXIV — (14) Outros** — Este campo contempla eventuais exceções, cujas peculiaridades poderão ser especificadas no campo observações;

**XXXV — Observações** — Campo a ser preenchido na hipótese da necessidade de algum esclarecimento sobre o depósito que está sendo realizado;

**XXXVI — Opcional** — Uso do órgão expedidor — Guia nº — Campo destinado aos Tribunais para geração de número de guia. Utilização opcional.

**Art. 67.** Na hipótese de atualização do débito exeqüendo, observar-se-ão os mesmos critérios estabelecidos para preenchimento dos campos da guia de depósito judicial.

**Art. 68.** Para a impressão da guia de depósito, observar-se-ão, independente de ser a guia emitida pelo Banco do Brasil S.A. ou pela Caixa Econômica Federal, as seguintes configurações: papel tamanho A4 e orientação tipo paisagem.

**Art. 69.** O depósito judicial pela *internet* é opcional. Poderá o depositante dirigir-se diretamente à Secretaria da Vara onde tramita o processo e requerer a emissão da guia. Da mesma forma, o banco depositário deverá disponibilizar, quando solicitado, o formulário respectivo ao depositante.

**Art. 70.** As guias de depósito a serem preenchidas serão enviadas às Secretarias das Varas do Trabalho pelos bancos depositários.

**Art. 71.** O juiz deverá dar ciência ao devedor-executado ou ao seu sucessor da decisão ou do despacho que autorizar a liberação total ou parcial do depósito judicial ao exeqüente, a fim de possibilitar ao executado cumprir sua obrigação legal de efetivar o recolhimento do imposto de renda decorrente de débitos judiciais trabalhistas.

**Art. 72.** As vias relativas ao "Levantamento de Depósito (alvará)" deverão ser preenchidas conforme orientação abaixo:

I — "Pelo presente, autorizo o(a) Sr.(a) (informe o nome e o número de um documento de identificação — RG ou CPF/CNPJ — do favorecido do depósito) ou seu procurador Dr.(a) (informe o nome e o número de um documento de identificação — OAB, RG ou CPF — do representante legal do favorecido do depósito)." — Campos a serem preenchidos pela Secretaria da Vara onde tramita o processo;

II — "A receber a importância de R$ (digite o valor a ser levantado) acrescida de juros e correção monetária, devida a partir da data do depósito, já deduzido o valor do imposto de renda." — Campo a ser preenchido pela Secretaria da Vara onde tramita o processo;

III — Data da emissão — Informe o dia, mês e ano da expedição do alvará. Campo a ser preenchido pela Secretaria da Vara onde tramita o processo;

IV — Identificação e assinatura do juiz — Campo destinado ao nome e assinatura do juiz titular ou juiz responsável pela Vara do Trabalho onde tramita o processo;

V — Valor Bruto R$ _____ — Campo a ser preenchido pelo banco depositário, correspondente ao valor do alvará;

VI — CPMF — Campo a ser preenchido pelo banco por ocasião do recolhimento da CPMF devida;

VII — Líquido — Campo a ser preenchido pelo banco depositário, correspondente ao valor do alvará menos o valor da CPMF;

VIII — Recebi em ___/___/___ — Campo a ser preenchido pelo favorecido do depósito, na ocasião do soerguimento do depósito;

IX — Assinatura — Campo destinado à assinatura do favorecido.

**Art. 73.** As vias destinadas ao alvará somente serão preenchidas após a autorização judicial para o efetivo levantamento do depósito realizado.

## TÍTULO XXVI
## IMPOSTO DE RENDA

**Art. 74.** A decisão ou o despacho que autorizar o levantamento, total ou parcial, do depósito judicial, em favor do reclamante, deverá também autorizar o levantamento, pela fonte pagadora, dos valores apurados a título de imposto de renda, de responsabilidade do reclamante, a serem deduzidos do seu crédito, destinados ao recolhimento na forma da lei.

**Art. 75.** O recolhimento do imposto de renda deverá ser comprovado pela fonte pagadora, nos respectivos autos, no prazo de 15 (quinze) dias da data da retenção.

**Parágrafo único.** Na hipótese de omissão por parte da fonte pagadora quanto à comprovação de que trata o *caput* deste artigo, e nos pagamentos de honorários periciais, competirá ao Juízo do Trabalho calcular o imposto de renda na fonte e determinar o seu recolhimento à instituição financeira depositária do crédito.

**Art. 76.** O imposto de renda incide sobre as execuções de débitos trabalhistas mediante precatórios, na forma da lei.

**Art. 77.** A não-indicação, pela fonte pagadora, da natureza jurídica das parcelas objeto de acordo homologado perante a Justiça do Trabalho acarretará a incidência do imposto de renda na fonte sobre o valor total da avença.

## TÍTULO XXVII
## CONTRIBUIÇÃO PREVIDENCIÁRIA

**Art. 78.** As sentenças condenatórias e homologatórias de conciliação, que contenham parcelas com a natureza remuneratória, ou seja, de salário de contribuição, determinarão a obrigatoriedade de recolhimento das importâncias devidas à Previdência Social, ainda que em valores ilíquidos.

**Art. 79.** Compete ao juiz da execução determinar as medidas necessárias ao cálculo, dedução e recolhimento das Contribuições devidas pelo empregado ao Instituto Nacional de Seguro Social, em razão de parcelas que lhe vierem a ser pagas, ainda que mediante precatório, por força de decisão proferida em reclamação trabalhista (*art. 43* da Lei n. 8.212/91, com a redação dada pela Lei n. 8.620/93).

**Art. 80.** Os cálculos de liquidação de sentença exeqüenda consignarão os valores devidos a título de contribuição previdenciária, na forma da lei, para desconto nos pagamentos a serem efetivados.

**Art. 81.** Incumbe ao empregador, devedor das contribuições previdenciárias, efetivar o cálculo dos valores devidos e a serem deduzidos nos pagamentos correspondentes às condenações judiciais, quando não consignados em cálculos de liquidação, bem assim da cota patronal e das demais contribuições a seu cargo, para o correto cumprimento da sua obrigação legal.

**Art. 82.** As Superintendências Estaduais do Instituto Nacional de Seguridade Social — INSS fornecerão aos órgãos judiciários da Justiça do Trabalho tabelas atualizadas dos valores das contribuições devidas com indicação das parcelas que constituem, na forma da lei, salário-de-contribuição, para orientação das secretarias judiciárias e das partes.

**Art. 83.** O fato gerador da incidência da contribuição previdenciária, constitutiva do débito, é o pagamento de valores alusivos a parcelas de natureza remuneratória (salário-de-contribuição), integral ou parcelado, resultante de sentença condenatória ou de conciliação homologada, efetivado diretamente ao credor ou mediante depósito da condenação para extinção do processo ou liberação de depósito judicial ao credor ou seu representante legal.

**Art. 84.** O demandado na Justiça do Trabalho, responsável pelas contribuições previdenciárias, deverá efetivar o recolhimento devido correspondente aos valores descontados dos pagamentos efetivados nas execuções de sentença e nos acordos homologados, assim também da cota e demais contribuições a seu cargo, até o oitavo dia do mês subseqüente ao da competência.

**Parágrafo único.** Em se tratando de empregador rural pessoa física, empregador doméstico, clubes de futebol e outras exceções ao disposto neste artigo e previstas em lei, os contribuintes deverão observar as instruções fornecidas pelas Superintendências Estaduais do INSS.

**Art. 85.** Homologado o acordo ou o cálculo de liquidação, o juiz determinará a intimação do executado para comprovar, nos autos, haver feito o recolhimento dos valores devidos pelo empregado à Previdência Social.

**Art. 86.** Incumbe ao reclamado, devedor das contribuições previdenciárias, efetivar através de guia própria, por ele adquirida e preenchida, o recolhimento dos valores devidos, no estabelecimento arrecadador, e comprovar nos autos do processo a que se refere, até o décimo quinto dia do mês subseqüente ao da competência, mediante uma via da guia com autenticação mecânica de recebimento ou cópia autenticada.

**Art. 87.** Havendo pagamento de parcelas de direitos trabalhistas, não comprovado o recolhimento previsto, o juiz dará imediata ciência ao representante do Instituto Nacional de Seguridade Social, determinando a remessa mensal do rol dos inadimplementes, procedendo da mesma maneira em caso de alienação de bens em execução de sentença.

**Art. 88.** Extinto o processo judiciário, a Secretaria da Vara do Trabalho, antes de remeter os autos ao arquivo, verificará a efetivação, pelo demandado, do recolhimento das contribuições previdenciárias, de que trata esta Consolidação.

§ 1º Verificado o desatendimento da obrigação legal, ou na dúvida sobre o correto recolhimento dos valores devidos, o Diretor de Secretaria encaminhará ao órgão competente, indicado pela Superintendência Estadual do Instituto Nacional de Seguridade Social — INSS relação dos processos, com indicação do número e identificação das partes.

§ 2º Tais processos permanecerão na Secretaria da Vara do Trabalho pelo prazo de 30 (trinta) dias, para que o INSS, através de seus fiscais, levante os débitos e tome as providências que entender cabíveis.

**Art. 89.** As Secretarias das Varas do Trabalho proporcionarão o acesso dos fiscais do INSS às suas dependências e o exame dos autos dos processos judiciais findos, com pendência de contribuições previdenciárias, em horário coincidente com o do expediente de atendimento público.

**Parágrafo único.** A atuação dos fiscais do INSS não poderá interferir na atividade jurisdicional da Vara do Trabalho ou nos serviços da Secretaria Judiciária.

**Art. 90.** Não poderá ser controvertida perante a Justiça do Trabalho qualquer pretensão alusiva às obrigações do demandado pertinentes às contribuições previdenciárias, ressalvada a definição da natureza jurídica das parcelas devidas ao empregado e a correspondente incidência do desconto da contribuição previdenciária.

**Art. 91.** No que for possível, e sem onerar os serviços administrativos das Secretarias das Varas do Trabalho, os fiscais do INSS poderão examinar, para levantamento de débitos relativos a contribuições previdenciárias, os processos extintos a partir do mês de janeiro do corrente ano.

**Art. 92.** As Corregedorias Regionais, juntamente com os Diretores de Foro e Juízes de Varas do Trabalho, e as Superintendências Estaduais do Instituto Nacional de Seguridade Social — INSS poderão instituir plantões para acompanhamento dos processos e adotar procedimentos diversos dos aqui estabelecidos, assegurando a eficácia da regulação legal do modo mais adequado às peculiaridades locais ou regionais.

## TÍTULO XXVIII
## DISSÍDIO COLETIVO

### Capítulo I
### Da Instrução

**Art. 93.** Nas audiências de instrução e conciliação dos dissídios coletivos devem ser procedidas todas as diligências necessárias, quais sejam: tomada de depoimentos dos representantes das partes, produção de documentos, audiência de órgãos técnicos, perícias. Facultar-se-ão aos litigantes as razões finais, mediante prazo que será fixado.

**Art. 94.** Tratando-se de dissídios coletivos em que se pleiteiam vantagens que, por lei, devam ser normatizadas por entes da Administração Direta, o juiz instrutor ou o relator deve solicitar o pronunciamento do órgão respectivo sobre a cláusula reivindicada.

### Capítulo II
### Da Lavratura dos Acórdãos

**Art. 95.** A lavratura dos acórdãos em ações coletivas deve obedecer ao seguinte procedimento:

I — os acórdãos que reflitam o julgamento de dissídios coletivos, ainda que homologatórios de acordos, deverão reproduzir o inteiro teor de todas as cláusulas objeto de julgamento, deferidas ou não, e, no primeiro caso, com as modificações de redação porventura introduzidas pelo Tribunal, vedada a simples remissão a decisões anteriores ou a cláusulas reivindicadas;

II — no caso de acordos submetidos à homologação do Tribunal, que façam simples remissão a normas anteriores, deverá o relator, por mero despacho, ordenar diligência a fim de que as partes explicitem o inteiro teor das normas referidas;

III — a certidão de julgamento deve ser imediatamente publicada, independentemente, assim, da redação da ata final dos trabalhos e da lavratura do acórdão;

IV — devem constar dos acórdãos o montante das custas a ser pago pela parte vencida e o valor da causa.

### TÍTULO XXIX
### PEDIDO DE INTERVENÇÃO — ESTADOS E MUNICÍPIOS

**Art. 96.** O encaminhamento do pedido de intervenção para o Supremo Tribunal Federal ou Tribunal de Justiça, pelo Presidente do Tribunal Regional do Trabalho, deve ser por ele adequadamente fundamentado, com justificativa da necessidade de adoção da medida excepcional postulada pelo credor do Estado-membro ou Município.

**Art. 97.** Quando o pedido for contra Estado-membro, o encaminhamento para o Supremo Tribunal Federal ocorrerá por intermédio da Corregedoria-Geral da Justiça do Trabalho e, quando se tratar de pedido de intervenção estadual no Município, deverá ser encaminhado diretamente ao Tribunal de Justiça.

**Art. 98.** Para que possa tramitar regularmente no Supremo Tribunal Federal, ou no Tribunal de Justiça, o pedido deverá ser instruído com as peças necessárias, que, ordinariamente, devem constar do processo de intervenção:

I — petição do credor, dirigida ao Presidente do Tribunal Regional do Trabalho, requerendo o encaminhamento do pedido de intervenção ao Supremo Tribunal Federal ou ao Tribunal de Justiça, se for o caso;

II — impugnação do ente público a esse pedido, se houver;

III — manifestação do órgão do Ministério Público, que atua perante o TRT;

IV — decisão fundamentada do Presidente do Tribunal Regional do Trabalho, consubstanciada no juízo positivo de admissibilidade da pretendida intervenção federal;

V — ofício requisitório que possibilite a verificação da data de expedição do precatório e o ano de sua inclusão no orçamento.

**Art. 99.** Os Tribunais Regionais do Trabalho devem se abster de autorizar o seqüestro da quantia necessária à satisfação do crédito, quando não houver a inclusão no orçamento das verbas relativas a precatórios, e quando houver pagamento a menor, sem a devida atualização, ou fora do prazo legal.

## TÍTULO XXX
## DO MAGISTRADO

### Capítulo I
### Dos Deveres do Magistrado

**Art. 100.** O juiz titular residirá na respectiva comarca, salvo autorização do Tribunal (inciso VII do art. 93 da Constituição Federal). (*Artigo alterado pelo Ato n. 4/06 — DOU 30.11.06*)

**Art. 101.** (*Artigo revogado pelo Ato n. 4/06 — DOU 30.11.06*)

**Art. 102.** (*Artigo revogado pelo Ato n. 4/06 — DOU 30.11.06*)

### Capítulo II
### Do Impedimento

**Art. 103.** No caso de impedimento do juiz titular da Vara do Trabalho, deve ser feita convocação imediata de seu substituto, que incluirá o processo em pauta, no prazo de 10 (dez) dias.

**Art. 104.** No caso de impedimento de juiz do Tribunal, o processo não deve ser retirado de pauta, providenciando-se o comparecimento do substituto.

## TÍTULO XXXI
## VEDAÇÕES AO CORREGEDOR REGIONAL

**Art. 105.** É vedado ao Corregedor Regional:

I — convocar para auxiliar nas correições, oficialmente ou não, juiz titular de Vara do Trabalho ou juiz substituto;

II — fazer-se acompanhar de juiz titular de Vara do Trabalho ou permitir que juiz titular de Vara do Trabalho ou juiz substituto, estranho àquela sob correição, manipule processos de sua jurisdição.

## TÍTULO XXXII
## INFORMAÇÕES — ATIVIDADES JUDICIÁRIA E ESTATÍSTICA

**Art. 106.** Os juízes titulares de Varas do Trabalho, os juízes diretores de Foros Trabalhistas e os juízes Presidentes dos Tribunais Regionais do Trabalho devem observar os procedimentos relativos a registro, controle e tramitação de dados estatísticos da movimentação processual e produtividade, de acordo com os modelos constantes do Anexo VI desta Consolidação, e com as orientações para seu preenchimento, fornecidas pela Subsecretaria de Estatística do Tribunal Superior do Trabalho.

**Art. 107.** Os dados estatísticos devem ser coletados mensalmente e enviados pelos Presidentes dos Tribunais Regionais do Trabalho à Subsecretaria de Estatística do TST até o décimo quinto dia útil do mês seguinte àquele em que as atividades foram realizadas, de acordo com os Modelos I e II constantes do Anexo VI.

**Art. 108.** Os Presidentes dos Tribunais Regionais do Trabalho devem observar os procedimentos necessários para que os dados estatísticos das Varas do Trabalho sejam transmitidos, eletronicamente, à Subsecretaria de Estatística do TST, conforme o Modelo II constante do Anexo VI.

**Art. 109.** Os Presidentes dos Tribunais Regionais do Trabalho devem publicar, mensalmente, para os efeitos do art. 37 da Lei Complementar n. 35 — *LOMAN,* os dados estatísticos consignados na Tabela V do Modelo I, contida no Anexo VI, até o 10º (décimo) dia do mês subseqüente àquele a que se referem.

**Art. 110.** Os Presidentes dos Tribunais Regionais do Trabalho devem informar à Subsecretaria de Estatística do Tribunal Superior do Trabalho o nome, o cargo e a lotação de dois servidores responsáveis por receber do TST e divulgar para as Varas do Trabalho e para as unidades administrativas do Tribunal Regional do Trabalho as orientações para preenchimento e remessa dos dados estatísticos, devendo atualizar essa informação no caso de substituição desse(s) servidor(es).

**Parágrafo único.** Os Presidentes dos Tribunais Regionais do Trabalho devem observar os procedimentos necessários para garantir o conhecimento continuado dessas orientações, mesmo quando esses servidores forem substituídos.

**Art. 111.** A Subsecretaria de Estatística do Tribunal Superior do Trabalho deve encaminhar à Corregedoria-Geral da Justiça do Trabalho, mensalmente, dados estatísticos da movimentação processual e da produtividade dos juízes de cada Tribunal Regional do Trabalho, para fins de inspeção e correição permanentes, conforme modelos estabelecidos pela Secretaria da Corregedoria-Geral.

**Art. 112.** A Subsecretaria de Estatística do TST deve encaminhar à Corregedoria-Geral da Justiça do Trabalho, nos meses de fevereiro e agosto de cada ano, relatório circunstanciado e individualizado dos problemas de cada Tribunal Regional do Trabalho ou de cada Vara do Trabalho, referentes ao preenchimento e à remessa dos boletins estatísticos que não foram resolvidos nos seis meses anteriores.

**Art. 113.** As tabelas estatísticas do Modelo I, do Anexo VI, devem ser preenchidas, datadas e assinadas pelo servidor responsável, com indicação completa do nome do signatário, da função exercida e do setor ou serviço incumbido pela execução do trabalho referente ao lançamento dos dados.

## TÍTULO XXXIII
### DISPONIBILIZAÇÃO NA *INTERNET* DOS ANDAMENTOS PROCESSUAIS E DOS ARQUIVOS ELETRÔNICOS RELATIVOS ÀS DECISÕES DAS VARAS DO TRABALHO E DOS TRIBUNAIS REGIONAIS DO TRABALHO

**Art. 114.** Os Presidentes dos Tribunais Regionais do Trabalho devem padronizar os andamentos processuais registrados nas Varas do Trabalho e no Tribunal Regional do Trabalho, bem como devem anexar à tramitação dos feitos o inteiro teor dos despachos, sentenças e decisões proferidas nos autos, de forma a disponibilizar aos usuários, na *internet*, de modo contínuo, todas as informações referentes a cada processo, desde o protocolo da ação até a sua última movimentação, em qualquer fase e instância.

**Parágrafo único.** Para a adoção das providências necessárias ao fiel cumprimento das determinações contidas no *caput* deste artigo, pelos Tribunais Regionais do Trabalho, fica mantido o prazo de 90 (noventa) dias, estabelecido anteriormente pelo Corregedor-Geral.

## TÍTULO XXXIV
## PROGRAMA DE GESTÃO DOCUMENTAL

**Art. 115.** Os Tribunais Regionais do Trabalho devem instituir no âmbito da sua jurisdição, por meio de resolução, o Programa de Gestão Documental.

**Parágrafo único.** Entende-se por gestão de documentos o conjunto de procedimentos e operações técnicas referentes às atividades de produção, tramitação, uso, avaliação e arquivamento de documentos em fase corrente e intermediária, visando a sua eliminação ou recolhimento para guarda permanente. A gestão de documentos é operacionalizada por meio do planejamento, da organização, do controle, da coordenação dos recursos humanos, do espaço físico e dos equipamentos, com o objetivo de aperfeiçoar e simplificar o ciclo documental.

**Art. 116.** Para que o Programa de Gestão Documental atinja o objetivo esperado, recomenda-se o assessoramento de uma comissão permanente — constituída e denominada Comissão Permanente de Avaliação de Documentos — composta por um membro de cada uma das seguintes unidades: Gabinete da Presidência, Corregedoria-Geral, Diretoria-Geral de Coordenação Administrativa, Diretoria-Geral de Coordenação Judiciária e Serviço de Conservação e Arquivo.

**Parágrafo único.** Compete à unidade administrativa responsável pelo arquivo coordenar o Programa de Gestão Documental dos Tribunais Regionais do Trabalho e responder pelo funcionamento da comissão permanente de que trata este artigo.

**Art. 117.** Formada a Comissão Permanente de Avaliação de Documentos, a ela competirá elaborar os procedimentos, de acordo com as normas arquivísticas vigentes, relativos à implantação do Programa de Gestão Documental (tabela de temporalidade, plano de classificação, normatização do sigilo da documentação, acesso a documentos).

**Art. 118.** Os autos deverão ser separados em findos e não findos e guardados em caixas-arquivo de cor diferente.

**Art. 119.** Os Tribunais Regionais do Trabalho deverão propiciar os recursos — na forma indicada na parte final do parágrafo único do art. 115 — para implantar, desenvolver e manter o Programa de Gestão Documental.

**Art. 120.** A eliminação de autos findos será decidida pelo Tribunal Pleno de cada Tribunal Regional do Trabalho após proposta circunstanciada da Comissão Permanente de Avaliação de Documentos, observada a legislação em vigor (*Lei n. 7.627/87*, art. 2º).

**Parágrafo único.** O Presidente do Tribunal Regional do Trabalho, para conhecimento dos interessados e possível solicitação de desentranhamento de peças, fará publicar a decisão de eliminação em órgão oficial de imprensa, 2 (duas) vezes, observado o prazo de 60 (sessenta) dias entre uma publicação e outra.

**Art. 121.** A transferência do documento de um suporte para outro, com vistas à eliminação, ficará condicionada à adoção de medidas que lhes resguardem a legalidade, conforme prevê a legislação brasileira.

## TÍTULO XXXV
## DISPOSIÇÕES FINAIS

**Art. 122.** Esta Consolidação dos Provimentos entrará em vigor na data de sua publicação no Diário da Justiça.

**Art. 123.** Ficam revogados os Provimentos ns. 2/64, 4/65, 5/65, 6/65, 1/70, 2/72, 1/75, 2/75, 3/75, 4/75, 6/75, 10/75, 1/76, 1/79, 2/79, 3/80, 5/80, 6/80, 8/80, 9/80, 11/80, 12/80, 1/81, 2/81, 2/83, 3/83, 1/87, 2/87, 1/89, 3/89, 2/91, 1/92, 2/93, 1/97, 2/97, 1/98, 3/98, 4/99, 3/00, 4/00, 6/00, 1/02, 2/02, 4/02, 6/02, 7/02, 8/02, 9/02, 10/02, 1/03, 2/03, 4/03, 5/03, 6/03, 8/03, 3/04, 4/04, 5/04, 1/05, 2/05, 3/05, 4/05, 5/05, 6/05, 7/05, 1/06, 2/06 e demais disposições em contrário.

Brasília, 6 de abril de 2006.

RIDER NOGUEIRA DE BRITO
Ministro Corregedor-Geral da Justiça do Trabalho

## 11. LEI N. 9.494, DE 10 DE SETEMBRO DE 1997

*Disciplina a aplicação da tutela antecipada contra a Fazenda Pública, altera a Lei n. 7.347, de 24 de julho de 1985, e dá outras providências.*

Faço saber que o PRESIDENTE DA REPÚBLICA adotou a Medida Provisória n. 1.570-5, de 1997, que o Congresso Nacional aprovou, e eu, Antonio Carlos Magalhães, Presidente, para os efeitos do disposto no parágrafo único do art. 62 da Constituição Federal, promulgo a seguinte Lei:

**Art. 1º** Aplica-se à tutela antecipada prevista nos arts. 273 e 461 do Código de Processo Civil o disposto nos arts. 5º e seu parágrafo único e 7º da Lei n. 4.348, de 26 de junho de 1964, no art. 1º e seu § 4º da Lei n. 5.021, de 9 de junho de 1966, e nos arts. 1º, 3º e 4º da Lei n. 8.437, de 30 de junho de 1992.

**Art. 1º-A.** Estão dispensadas de depósito prévio, para interposição de recurso, as pessoas jurídicas de direito público federais, estaduais, distritais e municipais. (NR) *(Artigo incluído pela Medida Provisória n. 2.180-35, de 24.8.01)*

**Art. 1º-B.** O prazo a que se refere o *caput* dos arts. 730 do Código de Processo Civil, e 884 da Consolidação das Leis do Trabalho, aprovada pelo Decreto-lei n. 5.452, de 1º de maio de 1943, passa a ser de trinta dias. (NR) *(Artigo incluído pela Medida Provisória n. 2.180-35, de 24.8.01)*

**Art. 1º-C.** Prescreverá em cinco anos o direito de obter indenização dos danos causados por agentes de pessoas jurídicas de direito público e de pessoas jurídicas de direito privado prestadoras de serviços públicos. (NR) *(Artigo incluído pela Medida Provisória n. 2.180-35, de 24.8.01)*

**Art. 1º-D.** Não serão devidos honorários advocatícios pela Fazenda Pública nas execuções não embargadas. (NR) *(Artigo incluído pela Medida Provisória n. 2.180-35, de 24.8.01)*

**Art. 1º-E.** São passíveis de revisão, pelo Presidente do Tribunal, de ofício ou a requerimento das partes, as contas elaboradas para aferir o valor dos precatórios antes de seu pagamento ao credor. (NR) *(Artigo incluído pela Medida Provisória n. 2.180-35, de 24.8.01)*

**Art. 1º-F.** Os juros de mora, nas condenações impostas à Fazenda Pública para pagamento de verbas remuneratórias devidas a servidores e empregados públicos, não poderão ultrapassar o percentual de seis por cento ao ano. (NR) (*Artigo incluído pela Medida Provisória n. 2.180-35, de 24.8.01*)

**Art. 2º** O art. 16 da Lei n. 7.347, de 24 de julho de 1985, passa a vigorar com a seguinte redação:

"**Art. 16.** A sentença civil fará coisa julgada *erga omnes*, nos limites da competência territorial do órgão prolator, exceto se o pedido for julgado improcedente por insuficiência de provas, hipótese em que qualquer legitimado poderá intentar outra ação com idêntico fundamento, valendo-se de nova prova."

**Art. 2º-A.** A sentença civil prolatada em ação de caráter coletivo proposta por entidade associativa, na defesa dos interesses e direitos dos seus associados, abrangerá apenas os substituídos que tenham, na data da propositura da ação, domicílio no âmbito da competência territorial do órgão prolator. (*Artigo incluído pela Medida Provisória n. 2.180-35, de 24.8.01*)

**Parágrafo único.** Nas ações coletivas propostas contra a União, os Estados, o Distrito Federal, os Municípios e suas autarquias e fundações, a petição inicial deverá obrigatoriamente estar instruída com a ata da assembléia da entidade associativa que a autorizou, acompanhada da relação nominal dos seus associados e indicação dos respectivos endereços. (NR) (*Parágrafo incluído pela Medida Provisória n. 2.180-35, de 24.8.01*)

**Art. 2º-B.** A sentença que tenha por objeto a liberação de recurso, inclusão em folha de pagamento, reclassificação, equiparação, concessão de aumento ou extensão de vantagens a servidores da União, dos Estados, do Distrito Federal e dos Municípios, inclusive de suas autarquias e fundações, somente poderá ser executada após seu trânsito em julgado. (NR) (*Artigo incluído pela Medida Provisória n. 2.180-35, de 24.8.01*)

**Art. 3º** Ficam convalidados os atos praticados com base na Medida Provisória n. 1.570-4, de 22 de julho de 1997.

**Art. 4º** Esta Lei entra em vigor na data de sua publicação.

Congresso Nacional, 10 de setembro, de 1997;
176º da Independência e 109º da República.

Senador ANTONIO CARLOS MAGALHÃES
Presidente do Congresso Nacional

*Produção Gráfica e Editoração Eletrônica:* **LINOTEC**
*Capa:* **FABIO GIGLIO**
*Impressão:* **HR GRÁFICA E EDITORA**